# EDITION AMBRA

## BIBLIOTHEK
## KURIOSER
## RARITÄTEN

# Kleiner
# Wunder-Schauplatz

der

geheimen Wissenschaften, Mysterien, Theo-
sophie, göttlichen und morgenländischen
Magie, Naturkräfte, hermetischen und
magnetischen Philosophie, Kabbala und
andern höhern Kenntnissen, Divination,
Offenbarung, Vision, Combination und
schwer begreiflichen Thatsachen.

Nach

## alten Hand- und Druckschriften und
## Erscheinungen der Neuzeit.

Zugleich als Beiträge zur Geschichte der Kultur
und Literatur, des Mysticismus, der religiösen
Sekten, geheimen Ordensverbindungen und dahin
bezüglichen Curiositäten.

M. Cunow

# HANDBÜCHLEIN
# DER
# SYMPATHIE

EDITION AMBRA
AURUM VERLAG · FREIBURG IM BREISGAU

Vollständiger, originalgetreuer Nachdruck
der Ausgabe Stuttgart, 1858.
Die von Beryll herausgegebene Edition Ambra
erscheint im Aurum Verlag, Freiburg im Breisgau.

1978
ISBN 3 591 08079 9
© 1978 by Aurum Verlag GmbH & Co KG,
Freiburg im Breisgau.
Gesamtherstellung:
Druckerei Schillinger, Freiburg im Breisgau.
Printed in Germany.

Kreuzerbücher aus allen Gebieten. 5.

# Handbüchlein

der

# Sympathie.

## In 400 Artikeln.

Nebst einer Abhandlung über Sympathie
als Einleitung

von

## M. Cunow.

Zweite Auflage.

Stuttgart, 1858.

Verlag von J. Scheible.

Druck von Fr. Henne in Stuttgart.

# Einleitung.

———

Die Sympathie, diese räthselhafte Ver=
bindung zwischen Ursache und Wirkung, meist
zum Zweck von Heilungen, ist sehr alt und
ward durch Tradition von Geschlecht zu Ge=
schlecht überliefert. Medicinische und Curio=
sitäten=Bücher der letzteren Jahrhunderte ha=
ben vieles davon schwarz auf weiß aufbe=
wahrt *, und während die neuere Aufklärung

———

* Aeltere und neuere Schriften, aus denen
der Verfasser schöpfte, sind vornämlich fol=
gende : Arzeney=Kunst= und Wunderbuch. Von
Michael Bapst. Leipzig, 1604. Magia na=
turalis, d. i. Kunst und Wunderbuch, durch
Wolfgang Hildebrand. Erfurt, 1614. Geor=
gica curiosa. Durch Herrn von Hohberg.
Nürnberg, 1682. Magische und sympathe=
tische Kunststücke. Frankfurt und Leipz. 1725.

alles Ungewöhnliche und nicht sogleich faßlich
Entgegenleuchtende bequem und eitel von sich
abwies, erhielten sich die alten Anweisungen
unter dem Volke, und nicht selten suchten und
fanden hier — in ihren Nöthen von der gewöhnlichen Heilkunst im Stich gelassene —
Aufgeklärte und Ungläubige unerwartet Hülfe
und Rettung. Der heutige Tag, durch einen
allseitigeren Geist vor der neulichen Periode
einseitiger Aufklärung rühmlich sich auszeich=
nend, läßt denn auch der Sympathie ihr un=
läugbares Recht widerfahren, wie es denn
männlicher und ehrenvoller ist, Thatsachen,

Allgemeines Oekonomisches Lexikon. Leipzig,
1731. Allerhand magische, spagyrische, sym=
pathetische, antipathetische und ökonomische
Kunststücke. Leipzig und Rudolstadt, 1737.
Bechers kluger Hausvater. Leipzig, 1755.
Wunderbare Kräfte der Natur in Sym= und
Antipathie. Von Joh. Ad. Hermstädt. Ro-
thenburg an der Fulda, 1776. Der geheim-
nißvolle Tausendkünstler. Frankfurt und Leipzig 1782. Magie in den Fächern der Oeko-
nomie, Baukunst und Chemie. Frankfurt am
Main, 1805. Haus= und Wirthschaftsbuch
von Dr. Andresse. Berlin, 1835 und 1836,
worin man unter andern ganz neuere sympathetische Heilungsgeschichten mitgetheilt findet.

gesetzt auch, ihr Zusammenhang sey dunkel,
wacker entgegenzutreten, als sie feig abzuläug=
nen. Denn so unheimlich dem klar anschau=
enden und ordnenden Verstande eine geheim=
nißvolle Verbindung von Ursache und Wirkung
auch seyn mag, so bleibt ihm doch nichts übrig,
als unläugbaren Thatsachen gegenüber, die=
selben möglichst genau zu beleuchten, um sie
mit dem allgemeinen Wesen der Dinge in Zu=
sammenhang zu bringen.

Das Befremdende sympathetischer Proce=
duren mindert sich aber schon bedeutend, wenn
man findet, daß dieselben, von den abergläu=
bischen Verbrämungen einer abergläubigen
Vorzeit entkleidet, dennoch ihre Resultate lie=
fern, insofern man sich nur an die, die Sache
selbst unmittelbar bedingenden Vorschriften
hält. Eben jene werden ferner der Natür=
lichkeit der Dinge viel näher gebracht, wenn
man findet, daß auch der zum Gelingen des
Unternehmens, wenigstens der Sage nach, ge=
forderte Glaube gar nichts zur Sache thut,
indem sie dem Ungläubigen sowohl gelingt
als dem Gläubigen; genau derselbe Fall, wie
bei der Homöopathie, wo ebenfalls die von
den Gegnern derselben dem Glauben an die
Sache oder dem Vertrauen zum Arzt zuge=

schriebenen Wirkungen ein eitles Vorgeben
sind, wie die gelingenden Heilungen an klei=
nen Kindern und Thieren beweisen. Denn
wo die Natur wirkt, da wirkt sie durch sich
selber, sie geht ihren durch Gesetze bezeichneten
Weg, wir mögen diesen nun durch Alfanze=
reien auszuschmücken und durch das Darbrin=
gen unseres Glaubens zu bekräftigen suchen
oder nicht. — Noch mehr wird sich die Un=
oder doch Schwer=Begreiflichkeit der Sympa=
thie klären, wenn wir uns erinnern, daß alles
in der Natur in Zusammenhang, Wechselwir=
knng, Mitleidenheit, Sympathie steht, weil
die gesammte Natur nur e in Ganzes bildet;
wenn wir uns ferner von den untergeordneten
Kräften des Mechanischen und Chemischen
zum Dynamischen, diesem höchsten eigentlichen
Leben der Natur, erheben, in welchem alles
Werden, Einwirken, Verändern mit göttlicher
Leichtigkeit und Sicherheit vor sich geht; —
groß und klein in Absicht auf Ausdehnung,
kurz und lang in Bezug auf Dauer, schwer
und leicht in Hinsicht auf Kraft, ja — so pa=
radox es auch klingen mag — selbst Ursache
und Wirkung sind Unterschiede, die, von die=
sem hohen Naturstandpunkte aus betrachtet,

sich ausgleichen \*. Ueberdieß soll dem besonnenen Freunde der Natur deren kleinste und verborgenste Wirkung so ehrwürdig seyn als ihr oberstes Gesetz, denn auch jene ist ja nur Ausfluß aus diesem; so wie aber die Natur allseitig ist, indem sie, alles umfassend, das Verschiedenartigste darstellt, so soll auch der Mensch, dieser selbstbewußte Theil der Natur, allseitig seyn, denn in ihm soll ja die Natur mit zum Bewußtseyn kommen, ja es soll durch ihn werden, was ohne ihn nicht seyn würde, er soll „Mehrer des Reichs" seyn.

Wenn wir nun, durch die Wirklichkeit der Sympathie angeregt, auf solche Weise ihre Möglichkeit erkannt haben, so werden wir uns ihrer Begreiflichkeit noch mehr nähern, und den Schleier ihres Geheimnisses be=

---

\* Nur ein Beispiel. Wenn das aufkeimende Getreidekörnchen eine im Verhältniß zu seinem Volumen unendlich schwere Erdscholle in die Höhe hebt, so wäre es Thorheit, hier den Sieg einer ganz geringen mechanischen Kraft über eine vielmal größere zu bewundern; sondern es ist die Ueberlegenheit der dynamischen Kraft, der Lebenskraft, des Naturgeistes, über die unbehülfliche Schwere todter Massen, was wir hier anzuerkennen haben.

deutend lüften, wenn wir die Art und Weise des Herganges sympathetischer Heilungen genauer in das Auge faffen. Es laffen sich aber diese letzteren folgendermaßen rubriciren:

Erstens: Vernichtung der Krankheit durch sich selbst, indem man sie mit ihren eigenen Erzeugniffen gleichsam erstickt; die in vergangener Zeit so viel gebrauchte und jetzt wieder in Aufnahme gekommene und erst recht ausgebildete und nun erst so benannte Isopathie, oder Heilung der Krankheit durch ihr eigenes Produkt als Gegenmittel genommen. Hier wirkt ganz klar das oberste — und vielleicht einzige — Naturgesetz das der Polarität, welchem zufolge die gleichnamigen Pole feindlich sind, sich abstoßen, zusammengebracht sich neutralisiren.

Zweitens: Transplantation oder Uebertragung der Krankheit auf einen andern organischen Körper durch körperliche Vermittlung, Ansteckung. Dieß ist bereits eine allbekannte Erscheinung, z. B. in der Anziehung rheumatischer und gichtischer Beschwerden durch Hunde, Meerschweinchen ꝛc.

Es gibt sechs Arten von Transplantation:

1) durch Insemination, Einsäen; 2) durch Implantation, Einpflanzung; 3) durch Imposition, Einsetzen; 4) durch Irroration, Befruchtung; 5) durch Insescation, Annetzung; 6) durch Adyroximation, Annäherung.

Drittens: Verflüchtigung der Krankheit durch ebenfalls vermittelte Uebergabe an die Elemente oder an die Verwesung. Wenn wir hierbei erwägen, daß die festesten Stoffe sich endlich in ihre Theilchen zersetzen, so kann es uns nicht befremden, wenn einzelne Verstimmungen im Organismus mit Leichtigkeit sich verflüchtigen lassen.

Viertens: Hebung der Krankheit durch das bei sich Tragen eines sie hinwegnehmenden Körpers, Amulet, in den mehrsten Fällen ein medicinisches Heilmittel; denn die magischen Amulete, aus Geschriebenem bestehend, desgleichen das Besprechen von Krankheiten, übergehen wir, als nicht zur Sympathie, sondern zur Magie gehörend, ein Gegenstand, der nicht hieher gehört und mit welchem wir unbekannt sind.

Fünftens: Der Einfluß des Mondes in seinen verschiedenen Phasen.

Während man diesen für Mondsüchtige, Men=
struation der Weiber, Witterung gelten läßt,
ja ihm in wissenschaftlichem Festhalten sogar
Ebbe und Fluth beimißt *, weigert man sich,
ihm einen Einfluß auf Verstärkung sowohl
als auf Heilung von Krankheiten zuzugeste=
hen **. Und doch ist dieß eben eine so un=
läugbare als nach so vielen Vorgängen, z. B.
auch seinem Einfluß auf Pflanzen, nicht mehr
befremdende Thatsache.

---

\* Wenn der Mond im Stande wäre, mit
gleichsam mechanischer Kraft unser Weltmeer
sechs Fuß hoch emporzuheben, wie hoch müßte
er dann unser Luftmeer, die Atmosphäre, zu
sich emporwirbeln und wie könnten wir noch
athmen! Sondern Ebbe und Fluth haben,
wie Oken nachweist, ihren viel näheren
und stärkeren Grund in dem täglichen Um=
schwung der Erde um ihre Achse.

\*\* Ja, der Mondschein kann sogar Krankheiten
hervorbringen. S. Leben und Sitten im
Morgenlande von Carne. Thl. I. „Auffallend
ist der nachtheilige Einfluß des Mondlichtes
in diesem Lande (Aegypten). Man räth je=
dem Fremden, beim Schlafen in freier Luft
die Augen zu bedecken. Eben dieß wurde
mir später in Arabien gerathen. Man möchte
sich wundern, daß die Stelle in den Psal=

So wie aber durch Sympathie Krankheiten geheilt werden, eben so können mittelst ihrer Krankheiten beigebracht werden, wovon die Kenntniß unter dem Volke ebenfalls noch nicht erloschen ist. Sonst gehörte diese verderbliche Kunst in das Gebiet der Zauberei und Hexerei, jetzt bezeichnet man ein solch böses Beginnen mit dem Ausdrucke: Jemanden etwas anthun. Jedoch auch dafür hat die Sympathie auch wieder ihr Gegenmittel; doch lassen wir mit jenen auch diese unerwähnt, mit einigen Ausnahmen in Betreff der letztern allgemeinsten.

Und somit hätten wir denn den Kreis geschlossen, inner dessen sich die Heilungen der

---

men: Die Sonne soll dich bei Tag nicht treffen, noch der Mond bei Nacht, — noch nicht durch diesen Umstand erklärt worden ist, worauf sie doch anspielt. Der Mond greift das Gesicht, wenn man seinen Strahlen im Schlafe ausgesetzt ist, weit mehr an als die Sonne. Ich selbst machte einst diese unangenehme Erfahrung, und war später auf meiner Hut. Wer mit offenem Gesicht im Mondschein schlafen wollte, würde seine Sehkraft gänzlich schwächen oder völlig zerstören."

Sympathie bewegen, und wenn dieser Kreis
dem außer ihm Stehenden als ein dunkler er=
scheint, so erhellt er sich vor den Augen des
in seinen Mittelpunkt Vordringenden; die
Zauberei verschwindet, um bloß die auf die
Natur selbst basirte Proceduren einer einfa=
chen Kunst sehen zu lassen.

Dabei aber haben wir nicht umhin gekonnt,
den Kreis noch weiter auszudehnen, oder mit
andern Worten, den engern Begriff der Sym=
pathie zu erweitern, indem wir den thierischen
Magnetismus, Zusammenhang von Mutter
und Foetus, als ebenfalls in einer Art sym=
pathetische Gegenwirkung begriffen, und Aehn=
liches mehr mit in das Gebiet zogen.

Da Menschen und Thiere ähnlich organi=
sirt sind, so gelten für beide dieselben Heil=
mittel, und so konnten denn auch sympathe=
tische Heilungsarten für Thiere
mitgetheilt werden.

Ein zweiter Abschnitt bringt sympathe=
tische Nützlichkeiten für das tägliche
Leben in den mannigfaltigsten Beziehungen,
und ein dritter sympathetische Kunst=
stücke, je nach Lust oder Bedürfniß des Ver=
suchs mehr oder minder würdig, während man

manches wenigstens als Curiosität gelten lassen mag.

Bei dem reichlichen Stoffe mußte man sich hinsichtlich der Redaction möglichster Kürze befleißigen, ohne jedoch der Deutlichkeit, folglich Nutzbarkeit der Sache, Eintrag zu thun.

Und so übergeben wir denn dieses mit mühsamem Fleiß gesammelte, erste und einzige Handbüchlein der Sympathie der Kenntnißnahme und dem Gebrauch seiner Leser, überzeugt, daß es, weit entfernt, Aberglauben zu verbreiten, vielmehr durch den richtig aufgestellten Gesichtspunkt dazu beitragen wird, denselben zu verdrängen, indem das auf den ersten Blick unmöglich und unbegreiflich Scheinende sich zur erfreulichen Thatsache gestaltet, welche wiederum als rein auf die Natur basirt, einzig auf diese und ihre nothwendigen — oder vom Menschen selbst herbeigeführten Beziehungen hinweiset. „Denn Alles hast Du unter seine Füße gethan.“ Ps. 8, V. 7.

### M. Cunow.

# I.

# Sympathetische Heilungen.

---

## 1.

## An Menschen.
(Nach den Krankheiten alphabetisch geordnet.)

---

Abzehrung. Der Kranke sauge bei ab=
nehmendem Monde an den Brüsten eines jun=
gen Weibes, die einen Knaben geboren hat,
und esse jedesmal etwas Zucker nach, um das
Gerinnen der Milch im Magen zu verhindern.

Aeußere Schäden. Man bestreiche sie
mit dem eigenen nüchternen Morgenspeichel,
dieser ist — zumal bei Kranken — giftig,
also zugleich ein wirksames Heilmittel. Oder
ein bebrütetes Gänseei wird im Backofen ge=
backen, pulverisirt und eingestreut.

Alpdrücken. Hiergegen breite man eine weiße Ziegenhaut über das Bett aus.

Altersschwäche. Alle acht Tage von einer kräftigen Person einen magnetischen Strich vom Kopf bis auf die Füße herab gegeben. — Auch hier gilt das unter: Abzehrung Angegebene.

Augen, blöde. Ohrenschmalz in die Winkel der Augen gestrichen.

Augen, Blut darin. Rohes, noch warmes Kalbfleisch aufgelegt.

Augen, dunkele. Pulverisirten Menschenkoth eingeblasen.

Augen, entzündete. Ein Schnittchen rohes Kalb- oder Rindfleisch über Nacht aufgebunden und es am Morgen vergraben.

Augen, erhitzte. Thau aus den Blättern der Kardendistel aufgestrichen.

Augenfell, dunkles: Hasenfett aufgestrichen. Weißes: Urin mit Honig temporirt und damit es gewaschen.

Augenflecke. Einige Stückchen von der Wurzel des Pfaffenstielkrautes, desgleichen von Teufelsabbiß bei abnehmendem Monde um den Hals gehängt. — Gartenschnecken in einem neuen Topf in einem nicht zu heißen Ofen getrocknet, dann pulverisirt und etwas davon

in das Auge geblasen. — Rohes, noch war=
mes Kalbfleisch aufgelegt. — Mit dem eige=
nen Urin waschen.

Augen, geschwollene. Das Weiße
eines hartgesottenen warmen Eies vor dem
Schlafengehen aufgebunden und es am Mor=
gen in den Mist gethan.

Augen, geschworene. Galle von einem
Vogel aufgelegt.

Augen, gesund zu erhalten. Mit
den ersten drei Rosenknospen, welche man im
Jahr sieht, wische man, ohne sie abzubrechen, die
Augen, so bleiben sie das Jahr über gesund.

Augen, Jucken und Beißen darin.
Ohrenschmalz auf das Lid gestrichen.

Augensalbe. Rosenwasser, Eiweiß und
Weibermilch zusammen gemischt.

Augen, triefende. Thau von Rosen
aufgestrichen.

Anmerkung. Böse Augen stecken durch
den Blick, so wie böser Athem durch den An=
hauch an, besonders wenn der (böse) Wille
damit verbunden ist.

Bandwurm. Ein abgegangenes Stück
wird getrocknet, zerrieben und dem Patient
(ohne daß ers weiß) beigebracht; davon geht
der ganze Wurm ab.

**Bauchgrimmen.** Einen Menschenkno=chen über dem Kranken aufhängen.

**Beinbruch.** Knochenöl aufgelegt.

**Beine, geschwollene.** Umschläge von Linnen, mit dem Urin des Kranken genetzt.

**Beine, schwache,** besonders bei alten Leuten. Alle Morgen die Kniekehlen mit nüchternem Speichel gerieben und trocknen lassen.

**Bienenstich.** Nachdem man den Stachel herausgezogen, zerquetsche man die Biene auf dem Stich. — Konnte man ihrer nicht habhaft werden, so wasche man die Stelle mit seinem Urin, oder wenn man noch nüchtern ist, mit Speichel.

**Blasensteine.** Eben dergleichen, oder in deren Ermanglung Bodensatz aus dem Nacht=geschirr des Patienten, getrocknet, zerrieben und ihm unbewußt eingegeben. Davon lösen sich die in der Blase befindlichen Steine auf.

**Blattern, schwarze.** Das Menstruum einer Jungfrau auf einem reinen leinenen Tuch aufgefangen, getrocknet und in lauen Essig getaucht, aufgelegt, und sobald es trocken geworden, wieder mit diesem angefeuchtet. Wenn die Heilung erfolgt ist, trinke man noch etwas vom eigenen Urin. — Dieß hilft auch

gegen die Ansteckung von Milzbrand und Pest=
beulen.

**Bleichsucht**, besonders bei jungen
Frauenzimmern. Die Patientin gehe vor
Sonnenaufgang in das Freie — etwa in einen
Baumgarten am Hause — steche ein Stück
Rasen aus, lasse ihr dazu aufgespartes Wasser
in das Loch und setze dann den Rasen verkehrt
wieder ein.

**Blindheit.** Der Kopf einer schwarzen
Katze wird in einem neuen, wohlvermachten
Hasen zu Pulver gebrannt und davon dem
Patienten in die Augen geblasen. Bei davon
etwa entstehender zu großer Hitze im Auge,
zumal Nachts, lege man etliche in Brunnen=
wasser getauchte Eichenblätter mehrfach über=
einander auf das Auge.

**Blutspeien.** Der Kranke speie drei=
mal sein Blut in eine gut schließende Büchse
von Eschenholz, in welcher an der Wärme zer=
fallener Kupfervitriol befindlich ist.

**Blutungen zu stillen.** Etwas Ta=
schenkraut oder Gauchheil in die Hand genom=
men, daß es darin warm wird, oder an einem
Faden um den Hals auf der bloßen Herzgrube
getragen. — Man fange etwas von dem Blut
in einem Glas mit Vitriol auf und setze die=

ses wohl verstöpselt an einen dunkeln, trocke=
nen und kühlen Ort. — Man verdunste et=
liche Tropfen Blut in einem Löffel über'm
Licht. — Streue gedörrtes und zerriebenes
Blut ein. — Asche von verbrannten Men=
schenhaaren eingestreut. — Man nehme ir=
gend etwas von Holz, in Holz Eingepflocktes,
ziehe es heraus, benetze den Zapfen mit Blut
und stecke ihn dann von der entgegengesetzten
Seite wieder ein, so hört das Bluten augen=
blicklich auf. — Ein Todtenbein in der Hand
halten und etwas dergleichen gepulvert in die
Wunde streuen.

**Brand, kalter.** Ein Tuch, mit dem
Menstruum oder mit dem Urin einer Men=
struirenden befeuchtet, aufgelegt.

**Bruchschaden. a. Im Allgemei=
nen.** Drei Tage vor dem Neumond grabe
man eine ganze Pflanze Knabenstengel oder
Regwurz aus, binde sie drei Abende nach ein=
ander auf den Bruchschaden und lasse sie je=
desmal so lang darauf liegen, bis sie ganz er=
wärmt ist. Hierauf verwahre man sie an ei=
nem kühlen Ort und pflanze sie noch vor zu=
nehmendem Monde wieder in die Erde. —
Ein warmes Hühnerei austrinken und mit
dem eigenen Urin gefüllt in den Schornstein

hängen. — Bei abnehmendem Monde schneide aus einer jungen Weide einen Span so groß als der Bruch, binde ihn auf diesen und lasse ihn darauf liegen, bis er durchgeschwitzt ist, dann setze ihn wieder an Ort und Stelle gut ein.

b. Bei Jünglingen. Man schneide dem Betreffenden drei Büschel Haare vom Wirbel ab, binde sie in ein reines Läppchen, und impfe dieß einem jungen Weidenbaum auf einer andern Feldmarkung gut ein.

c. Bei Kindern. Man spalte einen jungen Baum, ziehe das Kind vor Sonnenaufgang dreimal hindurch, und binde darauf den Baum wieder gut zusammen.

Buckel, bei Kindern. Von einem Skelett vom Kirchhofe nehme man den entsprechenden Knochen, an welchem das Kind auswächst, und streiche mit jenem bei abnehmendem Monde alle Tage den Buckel, und wenn dieser auf die Art sich verloren, thue man den Knochen genau wieder an seinen Ort. — Vergleiche auch den Artikel: Wundholz.

Drüsen. Die Hand eines Andern öfters aufgelegt.

Durstlöschen in hitzigen Krankheiten. Einen kleinen Bergkrystall erst in Wasser, dann auf die Zunge gelegt.

Eingeschlafene Glieder. Man halte einen Schlüssel an sie, so vergeht der Krampf.

Engbrüstigkeit. Die Lunge von Hasen gegessen.

Entnervung. Vergleiche den Artikel: Abzehrung.

Entzündung, äußere. Oefter und länger eine fremde kräftige Hand über die Stelle halten lassen.

Entzündung, innere. Fleißiges Handauflegen.

Epilepsie. Die Wurzel der Päonie, im abnehmenden Mond ausgegraben, am Hals getragen. — Aechte Korallen um den Hals tragen. — Einen Ring von weißem Eselshuf oder Elensklaue tragen. — Die Milz eines jungen Füllen pulverisirt und einen Theil davon eingenommen. — Wolfsleber essen. — Einen Hund bei sich schlafen haben. — Junge Raben verbrennen und von der Asche genießen. — Dem Kranken unwissentlich Bodensatz von seinem eigenen Urin, so viel wie eine Erbse, beigebracht. — Gepülverte oder zu Asche gebrannte Schädel- oder andere Menschenknochen früh nüchtern wiederholt einge-

nommen. — Den Kranken in einigen Anfäl=
len nacheinander mit einer Nadel in den klei=
nen Finger der linken Hand gestochen, so daß
es blutet, und ihm die Lippen mit Blut be=
strichen. — Dem Kranken wird im letzten
Mondviertel zur Ader gelassen, das Blut mit
warmer Milch gut umgerührt, und dann ei=
nem Hunde zu saufen gegeben. Dieß wird drei
Monate nacheinander wiederholt, so bekommt
der Hund die böse Krankheit und der bisher da=
von Behaftete ist von ihr befreit. — Wenn
Jemand die Krankheit zum erstenmal gehabt,
so verbrenne man sämmtliche Kleidungsstücke,
die er dabei angehabt, unter freiem Himmel
zu Asche, und schütte diese in ein fließend
Wasser dem Strome nach. — Wenn dieß ver=
säumt worden, so verbrenne man Koth, den
der Kranke während des Anfalls läßt, sammt
den damit verunreinigten Sachen und verfahre
mit der Asche ebenso. — Man ziehe dem Pa=
tient einen Schuh aus und halte ihm dessen
inwendige Seite dicht unter die Nase, so kommt
er augenblicklich zu sich; das Aufbrechen der
Daumen aber ist höchst schädlich. — Man
reibe ihm den Goldfinger.

Erfrieren der Glieder. Schutzmittel
dagegen: Abends und Morgens die dem Er=

frieren ausgesetzten Theile mit seinem eigenen
Urin waschen und diesen darauf trocknen lassen.

Feuermale, sind mit der Nachgeburt
einer ersten Wöchnerin zu bestreichen; dadurch
verschwinden sie.

Fieber, dreitägiges. Einen getrock=
neten Schlangenkopf um den Hals getragen.
— Einem eben gefangenen Hecht das Herz
ausgerissen, es gegessen und den Hecht wieder
in das Wasser geworfen. — Der Patient habe
während des Paroxismus Hafer unter die
Achselgruben gebunden, der dann gesäet wird;
oder er halte während des Schweißes in bei=
den Händen Roggenkorn so lange, bis es
feucht geworden, da es denn auf einem Feld=
rain vergraben wird. — Etwas Weiches von
Roggenbrod, ebensoviel Honig, etliche alte
Spinnwebe, ein wenig Salz und Essig, alles
wohl vermischt, dem Patient Mittags Punkt
Zwölf auf die Pulse beider Arme gebunden,
hier 24 Stunden liegen gelassen, und dann
den andern Mittag Punkt Zwölf abgenom=
men und in ein fließendes Wasser geworfen. —
Eine kleine Heuschrecke sammt etwas Roggen=
brod und etwas Salz in ein Tüchlein gethan
und dem Patienten auf den bloßen Leib ge=
bunden, ohne daß er weiß, was darin ist.

Man läßt es neun Tage liegen, nimmt es dann ab und wirft es in fließend Wasser. — Ein warmes Brod, in dessen untere Seite ein Loch gemacht und Branntwein gegossen worden, dem Kranken auf den Leib gelegt und nach dem Paroxismus einem Schwein zu fressen gegeben. — Man lasse einen Krebs in in einem Quart Wein, gut zugebunden, krepiren, nehme ihn nach 24 Stunden heraus, seihe den Wein durch und lasse den Patienten alle Tage ein Glas davon trinken. — Drei Tropfen Milch von einer Frau, die ihren eigenen Knaben säugt, in ein Ei gethan und dieses dem Patienten vor dem Paroxismus, ohne sein Vorwissen um die Zuthat, zu essen gegeben. — Den Bodensatz vom Urin des Kranken getrocknet, zerrieben und ihm davon ohne sein Wissen eine Erbse groß in einem halben Nößel Wein aufgelöst zu trinken gegeben. — Man koche ein Ei in des Kranken Urin und vergrabe es mit gemachter kleiner Oeffnung in einen Ameisenhaufen. So wie die Ameisen das Ei verzehrt haben, ist das Fieber weg. — Abschnitzel von des Patienten Nägeln an Händen und Füßen in ein leinenes Läppchen gewickelt, dieses einem Krebs auf den Rücken gebunden und ihn in das Wasser

gesetzt. — Dem Patient bei abnehmendem
Mond die Nägel an Händen und Füßen be=
schnitten, sie einem Krebs am Ende des
Schwanzes in den Leib schieben und ihn in
fließend Wasser werfen.

Fieber, viertägiges. Blumen von
Heidekraut mit Honig und Zucker eingemacht,
bei zunehmendem Mond acht Tage nach ein=
ander Abends und Morgens gegessen. — Dem
Kranken, ehe der Anfall kommt, Hahnenfuß
(ranunculus bulbosus) auf beide Arm=
pulse binden, 24 Stunden liegen lassen und
dann verbrennen. Ist dreimal zu wiederho=
len. — Eine Heuschrecke oder einen getrockne=
ten Schlangenkopf am Hals getragen. — Ein
Schwalbenherz mit Honig gegessen. — Das
Herz eines gehetzten Hasen in drei Theile zer=
schnitten, allmälig gedörrt und vor drei nach=
einander folgenden Anfällen jedesmal einen
Theil gegessen. — Den während des Anfalls
auf einmal gelassenen Urin des Kranken mit
Mehl zu Taig geknetet, diesen zu Brod geba=
cken, und wenn es gehörig erkaltet, je nach
dem Geschlecht des Kranken, einem Hunde
oder einer Hündin zu fressen gegeben. — Das
Hemd einer Menstruirenden angezogen. —
Zu Anfang des Anfalls eine Drachme pulve=

risirten Schädel einnehmen, ein Stück desselben Schädels in die linke Achselgrube legen und nach Beendigung des Anfalls abseit bringen. — Ein Stückchen Knochen von einem Menschenarm oder von dem obern Theile eines Gänseflügels am Hals tragen. — Einen Menschenknochen über dem Kranken aufhängen.

**Finger, böser.** Stecke ihn einer Katze in das Ohr.

**Fingerwurm.** Ihn einige Zeit in den After gesteckt.

**Fisteln.** Pulverisirten Menschenkoth einblasen.

**Flechten.** Man kratze sie auf, und schmiere sie des Morgens mit seinem nüchternen Speichel, Abends mit seinem Ohrenschmalz ein.

**Frostballen.** Man wasche sie mit seinem Urin.

**Fuß, übergetretener.** Man umbinde ihn mit einem Faden von rother Seide.

**Füße, geschwollene.** Den eigenen Urin gesalzen und umgeschlagen.

**Gelbsucht.** Das Gesicht öfters über ein Gefäß mit gelbem Theer gehalten. — Gartenschnecken mit der Oeffnung des Gehäuses auf den Nabel binden, wo sie gelb werden, und sobald sie dieß geworden, frische an die Stelle nehmen und damit so lang fortfahren, bis sie nicht mehr gelb werden, da denn der Kranke gesund ist. — Eine Kreuzspinne in einer hohlen, mit Wachs verklebten Nuß drei Tage am Hals getragen und dann verbrannt. — Sieben oder acht Morgen hintereinander verbranntes und gepülvertes Menschenhaar in Wein genommen. — Gedörrten und pulverisirten Menschenkoth mit Honig gemischt unbewußt in Wein genommen. — Der Kranke lasse seinen Urin auf Pferdemist. — Trinke mehrere Tage nacheinander des Morgens nüchtern von seinem Urin. — Urin vom Patienten mit Habermehl gekocht und den Brei einem hungrigen Hunde zu fressen gegeben. — Ein reines leinenes Tuch in des Patienten Urin getaucht und an der Sonne getrocknet, und dieß so oft wiederholt, bis das Tuch gelb ist. — Etwas vom Urin des Kranken in einer Schweinsblase in den Schornstein gehängt; mit dem Verdunsten des Urins nimmt die Krankheit ab, und ist er völlig verdunstet, so hört sie auf. — Vor Sonnenaufgang einen Wegewartsstock ausgraben, ohne die Wurzel zu verletzen, den Urin in das Loch lassen und den Stock wieder gut hineinsetzen. — Man

sehe einen Vogel so an, daß er einen wieder
ansieht, so nimmt er die Krankheit an sich
und muß sterben. — Speichel von einem Saug=
fohlen in Wein genommen. — Den Saft aus
frischem Pferdemist gepreßt und eingenommen;
das Pferd muß aber zuvor reinen Haber ge=
fressen haben und von dem Geschlecht des Pa=
tienten seyn.

Gerstenkorn, am Auge. Alle Morgen
mit nüchternem Speichel bestrichen.

Geschlechtstheile, geschwollene,
sind mit dem eigenen Urin zu waschen.

Geschwüre. Man bestreicht sie mit ei=
nem Docht und thut diesen dann in eine
Lampe; wenn er verbrannt ist, ist das Ge=
schwür heil.

Geschwulst. Von gestandener abgenom=
mener Milch trinke man das Dünne ab und
das Dicke lege man auf. — Auf harte Ge=
schwulst lege man schwarze Schnecken und
nehme öfters frische.

Gewächse. Etlichemale abwärts mit
frischem Speck gestrichen und diesen dann un=
ter eine Dachtraufe vergraben. — Bei abneh=
mendem Mond legt man viermal hintereinan=
der ein Pflaster auf und läßt es jedesmal et=
liche Tage liegen. Das erste Pflaster wird

dann an einen Baum gehangen, das zweite
vergraben, das dritte in fließendes Wasser geworfen, das vierte verbrannt.

Gicht. Man legt Erde auf das leidende
Glied und läßt sie so lange darauf liegen, bis
sie ganz erwärmt ist; dann thut man sie in
einen Topf und pflanzt eine Rübe hinein; so
wie diese wächst, nimmt die Gicht ab und verliert sich. — Die leidende Stelle im neuen
Monde geritzt, ein paar Tropfen Blut auf etwas Baumwolle aufgefangen und diese in
eine junge, außer dem Wege stehende Weide
eingespundet.

Giftige Bisse. Eine gedörrte Kröte
aufgelegt.

Halsschmerz. Mit dem mit Speichel
benetzten Daumen an dem Arm der schmerzhaften Seite von der Handwurzel bis zur
Hälfte des Unterarms längs der Puls oder
eine Zeitlang aufwärts gestrichen. — Ueber
Nacht einen wollenen Strumpf, den ein ge-
sunder starker Mensch, am besten nicht vom
Geschlecht des Patienten, getragen hat, um
den Hals binden.

Hände, schweißige. Man reibe sie an
dem Thürpfosten eines neuen Hauses, zu dem
man noch nicht eingegangen.

Hämorrhoiden. Früh nüchtern ein
Gänseei essen, welches in still geholtem Wasser
gesotten worden. — Auf einem gewärmten
frischen eichenen Brett, welches mit gutem Fett
dick bestrichen worden, mit dem Bloßen sitzen.
— Auf einer Löwenhaut sitzen und liegen. —
Mit dem eigenen Urin waschen. — Von der
fetten Henne hänge man eine Wurzel mit so
vielen Knoten, als man deren am Mastdarm
hat, zwischen die Schultern; beide Arten von
Knoten vertrocknen mit einander.

Harnfluß. Man esse einen Fisch, der
im Bauche eines Hechtes gefunden worden.

Hornißstich. Fliegen darauf zerquetschen.

Hühneraugen. Mit frischem Speck
gerieben oder ihn aufgebunden, und einige
Zeit liegen gelassen und ihn dann vergraben.
— Schwarze oder rothe Waldschnecken ohne
Gehäuse darauf gerieben, oder darauf gebunden und liegen lassen bis sie sterben, dann sie
vergraben.

Hundebiß, toller. Von den Haaren
des Hundes auf die Wunde binden und sich
fortwährend in fließendem Wasser baden. —
Nach dem Zeugniß des seligen Professor Jun=
ker in Leipzig ist kein Mittel zuverläßiger als
gedörrte Leber, Herz und Gehirn eines tollen

Hundes, wovon drei bis vier Dosen in einigen
Stunden nacheinander genommen werden,
während dessen der Kranke im Bette bleibt,
stark ausdünstet und aus den Wunden böse
Materie fließt. In Nro. 10. des Leipziger
Intelligenz-Blattes vom Jahr 1763 befindet
sich die Nachricht: „Noch vor kurzem habe ich
mit dem Vorrath, den ich von diesem Pulver
aus der Halleschen Waisenhaus-Apotheke be-
sitze, und welcher schon 16 Jahre alt ist,
einige Personen männlichen und weiblichen
Geschlechts, bei denen zum Theil die Vorboten
naher Wuth schon da waren, durch göttlichen
Beistand wiederhergestellt." — Dem tollen
Hund die Leber herausgenommen, sie gebraten
und zerrieben, in Branntwein gethan und diesen getrunken.

Husten, Krampf-, oder sogenannter
Bettelmannshusten. Viel küssen.

Hypochondrie. Auf Lorbeerblättern
schlafen.

Impotenz. Die große Zehe des rechten
Fußes mit Eidechsenasche in Oel oder Honig
gesalbt. — Einen Becher Frauenmilch trinken.
— Man kaufe einen Hecht, ohne dabei zu
handeln, lasse ihm Urin in das Maul und
werfe ihn in fließend Wasser. — Man nehme

ein noch warmes Ei, lasse sein Wasser darüber
laufen, siede dieses bis auf die Hälfte ein und
schütte es in ein fließendes Wasser dem Strome
nach. Das Ei öffne man ein wenig und
verscharre es in einen Haufen der großen
rothen Ameisen; so wie diese das Ei verzehrt
haben, ist dem Patienten geholfen. — Man
ziehe vor Sonnenaufgang einen eichenen
Weinpfahl aus, lasse sein Wasser in das Loch
und stecke den Pfahl verkehrt wieder ein. —
Man pisse drei Morgen nacheinander durch
den Trauring. — Räuchere die Geschlechtstheile mit dem Zahn eines Todten. — Wenn
man argwöhnt, von einem Andern (sympa-
thetisch) impotent gemacht worden zu seyn,
pisse man durch einen aus einem Birkenzweig
gemachten Kranz.

Insektenstiche. Man ziehe den Stachel
aus, wenn einer da ist, und zerquetsche das
Insekt, wenn man dessen habhaft geworden,
oder doch eines eben der Art auf dem Stich.

Keuchhusten. Einen größern Stein aus
einem neuen Badeschwamm dem Kind um den
Hals gehängt.

Kolik. Die Hand eines Andern auf den
bloßen Leib gelegt. — Den Saft aus frischem
Pferdemist gepreßt und eingenommen; das

Pferd muß aber zuvor reinen Haber gefressen haben und von dem Geschlecht des Patienten seyn.

**Kopfgicht.** Eine Hand auf die leidende Stelle, die andere auf die Herzgrube gelegt und dann die schmerzende Stelle mit dem eigenen Speichel bestrichen.

**Kopfgrind.** Kröten, in einem wohlvermachten Topf zu Pulver gebrannt, und dieses auf den zuvor dick mit Schweineschmeer eingeschmierten Kopf gestreut und mit einer Blase überbunden, heilt den Grind in 24 Stunden.

**Kopfschmerz.** Die rechte Hand eines Andern auf die leidende Stelle gelegt und mit der eigenen Rechte die Linke von Jenem angefaßt. Bei Spannung im Hinterkopfe eine Hand auf diesen, die andere auf die Stirne gelegt. — Den Schleier eines Weibes um den Kopf binden.

**Krämpfe.** Den Augenzahn eines Schweins klein gestoßen und vor dem Anfall in Wasser genommen.

**Krätze.** Man trage ein Hemd, worin ein Frauenzimmer menstruirt hat, drei Tage auf dem Leib.

**Krebsschaden.** Braunwurzel im ab=

nehmenden Mond gegraben, davon ein Stück mit ungraden Knoten um den Hals gehängt, auch davon ein Pulver bereitet und Morgens und Abends ein halb Quent eingenommen. — Einen lebendigen Krebs, dem die Scheeren festgebunden, auf dem Schaden befestigt, und ihn so lange darauf liegen gelassen, bis er stirbt; dann ihn vergraben. — Pulverfirten Menschenkoth eingestreut. — Gepulvertes Todtenbein täglich früh und Abends so viel wie eine Haselnuß in Getränk eingenommen oder auch gebrannt eingestreut.

K r o p f.  Patient lasse einen Maulwurf in der Hand, durch Druck derselben, sterben; das Thier wird nachher geröstet und gepülvert, und dem Patienten, ohne daß ers weiß, in einer Erbsensuppe gegeben.  So vergeht der Kropf in neun Wochen. — Geschabter Pferde= huf in frischem Urin aufgelegt. — Den Kropf mit der Hand eines Todten streichen. — Die Hand eines Todten zum öftern aufgelegt, bis sie anfängt, zu verwesen. — Man macht in eine an fließendem Wasser stehende junge Weide einen senkrechten — und an dessen Ende zwei horizontale Einschnitte, in Gestalt einer römischen I, schlägt die Rinde zu beiden Seiten zurück, schneidet einen Spahn heraus und reibt mit diesem den Kropf über und über, bis jener warm ist; dann setzt man ihn geschwind wieder an seine Stelle, schlägt die Rinde über ihn wieder zusammen und bindet sie mittelst eines Bindfadens um den Baum fest zu.

**Lähmung.** Man reibe das gelähmte Glied mit Menschenfett ein. — Magnetisire es wiederholt.

**Lebensverlängerung.** Viel um junge Leute seyn, so daß man ihre Ausdünstungen einathmet. — Daher werden Schulmeister oft so alt.

**Mastdarmvorfall.** Sich mit dem Bloßen auf ein neues, gewärmtes eichenes Brett setzen, welches mit Schaaf= und Hirschmark dick bestrichen worden.

**Melancholie.** Auf Lorbeerblättern schlafen.

**Milchstechen,** bei Entwöhnung oder bei dem Tode des Kindes. Einen hornenen Kamm zwischen die Brüste gesteckt, aber wieder weggenommen, sobald das Stechen aufgehört hat.

**Milzbrand=Blatter.** Umschläge von frischem Kuhmist mit frischer Milch gemischt, öfters erneuert, heilen dieses sonst leicht tödtliche Uebel ganz leicht und sicher. — S. auch den Artikel: Blattern, schwarze.

Milzsucht. Man legt eine noch warme Ziegenmilz in die linke Seite, läßt sie hier einige Zeit liegen und hängt sie dann an die Sonne zum Dörren.

Monatsfluß, ausbleibender: Hirschfett auf die Theile gerieben. — Zu starker: Einen guten Jaspis oder ächte Korallen am Halse tragen. — Menstruum in einem Tüchlein aufgefangen und dieses über Nacht vom Nabel bis an die Scheide aufgelegt. — Etwas Menstruum über Feuer pulverisirt und davon soviel wie eine Haselnuß in Wein genommen. — Ein mit Menstruum befeuchtetes Läppchen in das Feuer werfen.

Muttermale. Bei Neugebornen bestreiche man sie gleich mit der Nachgeburt. — Man lasse die Hand eines Todten so lange darauf ruhen, bis sie davon kalt werden. — Ein Stückchen rohes Rindfleisch wird einer frischen Leiche in die rechte Achselgrube gelegt, 24 Stunden liegen gelassen, dann für mehrere Stunden auf das Mal gebunden und darauf vergraben. Auf diese Art ist ein großes behaartes Muttermal binnen sechs Wochen verschwunden.

Nagel, eingewachsener an den Zehen. Man verbrenne etwas von seinen

eigenen Haaren auf dem Nagel, tröpfele Talg
darauf und mache einen Verband darum.

Nasenbluten. Eine Spinne in einem
leinenen Tuch zerdrückt und unter die Nase
gehalten. — Einen Tropfen Blut auf eine
Spinne fallen, und sie damit laufen lassen.
— Bernstein in der Hand halten. — Einen
Jaspis unter dem Daumen der Hand, auf
deren Seite das Blut aus der Nase fließt,
festgehalten. — Den kleinen Finger der dem
blutenden Nasenloch entgegengesetzten Hand
mit einem Faden fest umbinden. — Wenn
das Blut aus dem rechten Nasenloch kommt,
schlage den kleinen Finger der rechten Hand
ein, und drücke ihn mit der Linken fest an,
kommt es aus dem linken Loch, so verfahre
links ebenso. — Etwas Blut in einem Löffel
überm Licht verdunsten lassen. — Oder laß
es auf glühend Eisen fallen. — Geronnenes
und zerriebenes Blut in die Nase ziehen. —
Vergleiche auch den Artikel: Blutungen
zu stillen.

Niederkunft, zu befördern. Eine
Schlangenhaut um den Hals oder Leib gebunden und nach erfolgter Niederkunft sogleich
abzunehmen. — Die Gegend um den Nabel
mit Schlangenfett schmieren. — Das Wasser

trinken, worin zwei Eier gesotten worden. — Die Milch eines andern Weibes trinken. — Des Mannes Hemd anziehen. — Auch die Gegenwart des Mannes ist förderlich. — Der Abgang der Nachgeburt wird befördert, wenn die Frau etwas von des Mannes Urin nimmt.

Niesen, zu vieles und zu starkes. Die Hände in warmem Wasser waschen. — Augen und Ohren mit den Fingern reiben. — Die hohlen Hände und die Fußsohlen reiben.

Ohnmacht. Den Herzfinger reiben oder ihn mit Gold berühren.

Ohren, böse. Urin von einem Knaben hineinträufeln. — Täglich einigemale die Ohren anhauchen lassen und Abends Frauenmilch hineintröpfeln.

Otternbiß. Otternfett aufgelegt.

Pest. In die Rinde eines eben aus dem Backofen kommenden Brodes schneide ein thalergroßes Loch, gieße Kampferspiritus hinein, lege dem Kranken ein leinen Läppchen auf den Nabel und das Brod mit der gemachten Oeffnung darauf, decke ihn gut zu, so wird er bald schwitzen, wobei das Brod das Gift an sich zieht und dann vergraben wird. — Bei Beu=

len binde man einen lebendigen Frosch auf, und wenn er todt, einen andern, und so fort bis sie am Leben bleiben. Auch Tauben mit gerupftem Bürzel kann man dazu nehmen. — Vergleiche **Blattern, schwarze**.

**Podagra.** Das erste abgeschnittene Haar von Knaben aufgelegt. — Asche von Weiberhaaren mit Schweineschmeer desgleichen. — Mit **spiritus urinae** täglich drei bis vier Mal gewaschen. — Blut in einem bedeckten Topf zu Asche gebrannt, diese mit Regenwasser so lang gekocht, bis ein Salz niederschlägt und von diesem etwas eingenommen. — Menstruum mit Rindsfett bei Feuer gut zerlassen, aufgelegt. — Man bohre ein Loch in einen noch frischen Baum, binde die Bohrspäne auf das Bein, lasse sie daselbst gut durchwärmen, und thue sie dann wieder in das Loch und verpflocke dieses.

**Pollutionen.** Man lasse durch einen unschuldigen Knaben den Samen von Sauerampfer sammeln und trage diesen bei sich.

**Pusteln und dergleichen.** Mit nüchternem Speichel bestreichen.

**Rheumatismus.** Suppe von Katzenfleisch essen. — Kurzhaarige Hunde bei sich

liegen haben. — Diese Mittel helfen auch für
die G i ch t.

R o s e o d e r N o t h l a u f. Blaues Zucker=
hutpapier oder ein Stückchen rohe Leinwand
in Hasenblut oder in Menstruum getaucht,
trocken aufgelegt.

R u h r, r o t h e. Man streue auf den
frischen Stuhlgang eine Hand voll Salz. —
Ein Stückchen Holz in den Stuhlgang des
Kranken getunkt, wird mit diesem Ende in ein
Stückchen Speck gesteckt, und dem Kranken
ein oder zwei Eßlöffel zerlassenen Speck von
demselben Stück eingegeben. — Pulverisirte
Menschenknochen in rothem Wein genommen.

S c h l a f l o s i g k e i t. Man lasse sich frot=
tiren.

S c h l a f s u c h t. Vom Haar des Patienten
verbrannt und ihm unter die Nase gehalten.

S c h l a g f l u ß. Ein kräftiger Mann setze
seinen Fuß auf den vom Schlag Getroffenen,
und bleibe eine gute Weile in dieser Stellung.

S c h l a n g e n b i ß. Getrockneten Schlan=
genkopf auf die Wunde legen.

S c h l u c k s e n, bei oder nach dem Essen.
Man lege die Gabel, mit der man ißt oder
gegessen hat, mit den Zinken gegen sich.

S c h w i n d e l, zumal beim in die Höhe

Steigen. Man trage einen Bergkrystall bei
sich; esse das Gehirn von Eichhörnchen oder
Katzen.

Schwinden eines Gliedes. Man läßt
an dem schwindenden Gliede den ersten oder
dritten Tag nach dem neuen Mond einen
Tropfen Blut, fängt ihn auf einem Fleckchen
ungebleichter Leinwand auf, wickelt dieses zusammen und thut es sammt abgeschnittenen
Nägeln von Händen und Füßen, nebst Haaren
von allen Theilen des Körpers in ein platt
gedrücktes Stückchen Jungfernwachs, macht
dieses zu einem Zäpfchen und spundet es in
einen noch im Wachsthum begriffenen Baum
gegen Osten ein und setzt einen Keil von eben-
demselben oder von Eichenholz darauf.

Schwindsucht. Abends und Morgens
eine Unze Wasser, aus Menschenblut destillirt,
getrunken. — Vier Tage nach dem neuen
Mond nüchtern, ohne es zu wissen, fünf Läuse
in einem Bissen Brod gegessen und darauf
zwei Stunden gefastet. So hat eine Gräfin
Hohenlohe vor 100 Jahren glücklich Schwind-
suchten geheilt. — Auch gilt hier dasselbe
Verfahren wie im vorigen Artikel, nur daß
man Tropfen Blutes von den Haupttheilen
des Körpers entnimmt.

**Scorpionstich.** Den Scorpion auf der Wunde zerquetschen. — Eine Maus auf die Wunde binden.

**Seuchen, Schutz vor.** Ein Stückchen Dachsfell auf bloßem Leib getragen.

**Sommersprossen.** Mit Froschlaich bestreichen.

**Staupe, der kleinen Kinder.** Der Vater gebe dem Kinde drei Tropfen Blut aus dem ersten Gliede seines Goldfingers ein.

**Steinschmerzen.** Den Stein aus der Blase eines Stieres, der im Mai geschlachtet wird, in weißen Wein gelegt, der davon gelb wird. Von diesem muß der Patient trinken und das Abgegossene wird mit Wein nachgefüllt. — Bodensatz aus dem Nachtgeschirr oder menschlichen Blasenstein selber, gepülvert dem Kranken eingegeben.

**Stummheit.** Qualm von verbrannten alten Schuhen, Strümpfen, Hüten, Kleidern, in den Mund gezogen.

**Sympathetische Kur aller Krankheiten.** Man kocht ein Stück Fleisch dreimal in des Kranken Urin, wie er ihn dreimal nach einander läßt, und gibt es dann einem ausgehungerten Hund oder gefräßigen Schwein

zu fressen. Das Thier wird davon krank oder
stirbt gar, der Kranke aber geneset.

Sympathetisches Pulver. Vitriol,
der an der heißen Sonne zergangen, zu seinem
Pulver gemacht. Hiermit bestreue ein mit des
Kranken oder Verwundeten Blut befeuchtetes
Tüchlein oder auch nur das Instrument der
Verwundung, nachdem solches mit etwas
Wasser benetzt worden; der Verwundete aber
wasche alle Tage seine Wunde mit seinem
Morgen=Urin und verbinde sie mit reiner Lein=
wand. Dieß Pulver, so angewendet, ist zu=
gleich blut= und schmerzstillend und heilend.

Taubheit. Die inwendige Fußsohle des
bei Tage getragenen noch warmen Strumpfes
über Nacht auf das Ohr gebunden. — Milch
von einer seit 10 bis 12 Wochen Säugenden
in die Ohren getropft. — Knabenharn des=
gleichen.

Ueberbein. Ein Todtenbein aufgebun=
den und es dann wieder an seinen Ort gethan.
— Mit einem alten Knochen bei abnehmen=
dem Monde das Ueberbein alle Tage streichen
und jenen dann wegthun. — Mit einem aus=
gebleichten Knochen, den man im Freien fin=
det, drücke man etliche Mal quer auf das

Ueberbein und werfe ihn dann hinter sich, ohne sich nach ihm umzusehen.

Universal=Medicin. Der **Spiritus vitalis**, aus dem eigenen Blut ohne Feuer abgezogen, zu einem bis zwei Tropfen genommen, heilt jede Krankheit und verlängert das Leben. — Das aus Blut von jungen gesunden Mannspersonen destillirte Oel, **oleum sanctum**, heilt alle innere Krankheiten und täglich zu einem Tropfen in etwas Wein genommen, schützt es vor Krankheit und verlängert das Leben.

Vergiftung, Präservativ gegen. Grobe Kardendistelwurzel, zwischen den beiden Frauentagen ausgegraben, am bloßen Leibe getragen.

Verrenkung. Eine Aalhaut umgebunden. — Mit Talg eingerieben, der mit Asche von verbrannten Weiberhaaren gerührt worden.

Verstopfung. Man trinke etwas von seinem eigenen eben gelassenen Urin. — In einen hohlen Röhrknochen wird etwas vom Stuhlgang gethan und der Knochen gut verstopft in warm Wasser gehalten; so wie sich der Inhalt des Knochens erwärmt, muß die entsprechende Person zu Stuhle gehen. Dieß kann man wiederholen so oft man will, und

es ist demzufolge zugleich ein sympatheti=
sches Purgirmittel.

**Wadenklamm.** Einen Schlüssel an die
Wade oder an die Kniekehle halten.

**Waffensalbe.** Menschenblut, Leinöl
und gutes Fett wohl gemischt und damit die
Waffe oder das Werkzeug überhaupt, womit
die Verwundung geschehen, oder auch nur ein
Stück Holz, welches einige Zeit auf der Wunde
gelegen hat und blutig geworden ist, gesalbt
und an einem Ort aufbewahrt, wo es vor
Berührung, Licht, Wärme und Feuchtigkeit
gesichert ist; die Wunde selbst ist alle Morgen
mit dem eigenen Urin zu waschen und mit
einem leinenen Verband gegen den Zutritt der
Luft zu verwahren.

**Anmerkung.** Luft, Licht, und vor allem
Mondschein sind der Heilung einer Wunde
hinderlich, ja letzterer höchst gefährlich; Wun=
den, diesem, zumal bei zunehmendem Monde
ausgesetzt, verschlimmern sich zusehends, wie
denn Fleisch im Mondschein schneller fault als
im Sonnenschein.

**Warzen.** Man mache in einen Zwirn=
faden so viele Schleifen als man Warzen hat,
stecke nach einander jede Warze in eine Schleife
und ziehe sie zu, mache sie wieder auf und ziehe

die Schleife als Knoten zu, und vergrabe den
Bindfaden an einem Ort, wo er geschwind
faulen kann. — Man reibe die Warzen mit
eben so viel Knoten eines oder mehrerer aus
dem Mist genommenen Strohhalmes und werfe
diesen wieder auf den Mist. — Man schneide
einen harten Apfel oder eine Kartoffel von
einander, reibe mit dem Abschnitt die Warzen,
binde den Apfel oder die Kartoffel wieder fest
zusammen und vergrabe sie oder werfe sie in
einen Fluß. — Man reibe sie mit der abge-
zogenen Magenhaut einer eben geschlachteten
Henne, oder mit frischem Fleisch oder Speck
und vergrabe diese an einem Ort, wo sie geschwind faulen können.

**Wassersucht.** Eine an der Sonne gedörrte Kröte auf den geschwollenen Bauch gebunden. — Lasse dem Patienten am rechten
Arm zur Ader, thue das Blut in ein eben aus-
geleertes Ei und vergrabe dieses in den Mist.
— Von des Patienten Urin in einer Schweinsblase in den Schornstein gehängt, und wenn
jener vertrocknet, diese in das Apartement
werfen. — Ein Ei in des Patienten Urin
hart gekocht und mit gemachter kleiner Oeffnung in einen Ameisenhaufen vergraben. —
Patient trinke mehrere Morgen hinter einan-

der nüchtern von seinem Urin. — Abschnitzel
von den Finger= und Zehennägeln des Kran=
ken in einem leinenen Läppchen einem Krebs
auf den Rücken gebunden und ihn in ein flies=
sendes Wasser gesetzt.

Wechselfieber, Schutz vor. Von dem
erst erblickten blühenden Korn streife man von
drei Aehren die Blüthe ab und esse sie, so be=
kommt man im Laufe des Jahres kein Wech=
selfieber.

Weinsaufen, abzugewöhnen. Man
lasse den Trinker den Saft von Weinstöcken
trinken, den man im Frühjahr durch Auf=
ritzen der Stöcke gewonnen hat. — Man gebe
ihm Wein zu trinken, in dem man einen Aal
hat krepiren lassen.

Wespenstich. Man schlägt sein Wasser
an die Erde ab, rührt um und legt davon auf.

Wolf, angerittener. Pferdespeichel,
beim Kauen des Futters zu entnehmen, auf
die wunde Stelle gestrichen.

Würmer. Man lasse Molche über ein
Tuch laufen und binde dieses auf den bloßen
Leib. — Den Saft aus frischem Pferdemist
gepreßt und eingenommen. Das Pferd muß
aber zuvor reinen Hafer gefressen haben und
von dem Geschlecht des Patienten seyn. —

Gebrannte Regenwürmer in Milch genommen.
— Abgegangene Würmer werden getrocknet
und gepülvert und dem Betreffenden ohne sein
Wissen im Getränk beigebracht.

Wunden. Das Instrument, womit die
Verwundung geschehen, stecke man in die Erde
oder in Speck und lasse es so lange darin
stecken, bis die Wunde heil ist, welches, be=
sonders auf letztere Art, in Kurzem geschieht.

Wunden, böse. Eine gedörrte Kröte
aufgelegt.

Wundholz, sympathetisches. Von
einer kräftigen Esche wird im Frühjahr, wenn
das Laub vollkommen heraus ist, bei zuneh=
mendem Monde vor Sonnenaufgang ein Ast
mit einem Schnitte von unten nach oben ab=
geschnitten. Mit dessen Stiel bestreicht man
die Wunde oder auch nur das Werkzeug der
Verwundung, die Wunde selber wird mit kal=
tem Wasser rein gehalten und mit Linnen ver=
bunden, der Ast aber im Kühlen und Dun=
keln sorgfältig verwahrt. Das Bluten hört
sogleich auf und die Wunde heilt geschwind.

Anmerkung. Das Wundholz dient auch
gegen Geschwüre, Gewächse und den
Budel bei Kindern.

Wunden=Kopf. Weiberhaare in Oel oder Wein getaucht, aufgelegt.

Wunden ohne Schmerz zu heilen. Man fängt etwas von dem Blute in einem Glase mit Vitriol auf und setzt dieses an einen dunkeln, trockenen und kühlen Ort; die Wunde selbst aber wird blos mit kalt Wasser und Leinewand besorgt.

Wunden, Pulver herauszubringen. Ein Stückchen frischer, ungesalzener Speck wird durch die Wunde gezogen; dieser nimmt das Schießpulver mit sich.

Wundliegen der Kranken. Frisches Fließwasser, täglich vor Sonnenaufgang geschöpft, unter das Bett gesetzt.

Wurm am Finger. Zerquetschte Regenwürmer oder einen lebendigen aufgebunden; dieß hilft sehr geschwind. — Ein Todtenbein um den Hals hängen.

Zähne, lockere. Man wasche des Morgens das Zahnfleisch mit seinem Urin.

Zähne, verdorbene. Zerquetschte Heuschrecken aufgelegt.

Zahnen der Kinder zu befördern. Man reibe das Zahnfleisch öfters mit der Muttermilch; koche den ersten Brei, den man dem Kinde gibt, mit ebenderselben. — Der Vater

Sympathie.     4

reibe das Zahnfleisch öfters mit dem Daumen seiner rechten Hand. — Oder es mit einem Hasenzahn gerieben. — Man hänge dem Kind einen Zahn von einem einjährigen Füllen um den Hals.

Anmerkung. Damit Kinder gesunde und dauerhafte Zähne nachbekommen, spunde man die ersten ausfallenden in einen Eichenbaum.

Zahnschmerzen. Den ersten einem Kinde ausfallenden Zahn lasse man es verschlucken, so bekommt es Zeitlebens kein Zahnweh. — Flöhkraut, erst in kalt Wasser, dann auf den Backen gelegt, bis es durchhitzt ist und darauf in den Mist vergraben. — Mit dem vom Speichel benetzten Daumen an dem Arm der schmerzhaften Seite von der Handwurzel bis zur Hälfte des Unterarmes längs der Pulsader eine Zeitlang aufwärts gestrichen. — Aus einer jungen Weide ein Splitterchen geschnitten, und damit das Zahnfleisch an der schmerzenden Stelle blutig gestochert, darauf den Splitter wieder in den Baum gut eingesetzt und die Stelle zugeklebt. — Mit einem neuen Nagel an den Zähnen gestochert, bis er blutig wird, und ihn dann im Keller an einen Ort eingeschlagen, wo weder Sonne noch

Mond hinscheint. — Man reibe den schmerzhaften Zahn mit demselben Zahn aus einem
Todtenkopf und lasse diesen wieder fortbrin-
gen. — Hänge einen Zahn an den Hals.

* * *

## 2.

### Sympathetische Heilungen an Thieren.

(Ebenfalls alphabetisch nach den Krankheiten.)

* * *

### A. An Pferden.

**Bezauberung.** Johanniskraut zu
fressen geben.

**Blutig getreten.** Talg mit kurzen
Pferdehaaren gemischt, aufgelegt.

**Blutstillen nach coupirtem
Schwanz.** Haare vom Gemächte auf die
Ader gedüpft.

**Gedrückte Stellen.** Eine Handvoll
grünes Flöhkraut zwischen Steinen geklopft,
aufgelegt und wenn es durch und durch warm

geworden, im Mist vergraben, die gedrückte Stelle aber alle Tage kalt gewaschen.

**Geschwulst vom Satteldruck.** Heißen Pferdemist über Nacht aufgelegt.

**Geschwulst überhaupt.** Neu ge=sponnenes Garn von dem Haspel genommen und dem Pferd zweimal des Tags gesotten auf die Geschwulst gebunden.

**Krankheit, ohne daß man weiß, worin sie besteht.** Man gebe dem Pferd von seinem eigenen Harn oder von den War=zen an den Vorderbeinen ein.

**Krankheit überhaupt.** Den Sattel verkehrt aufgelegt und über das Kreuz hinab=gezogen.

**Mastdarm=Austreten.** Man wasche ihn alle Tage mit dem warmen Harn des Pferdes.

**Mauke.** Eine grüne Eidechse lasse man in einem Eimer Wasser krepiren, und mit dem auf dem Wasser sich findenden Schaum wasche man den Schaden zwei oder dreimal mit einem reinen Schwamm.

**Misten, nicht können.** Warmen Men=schenharn eingegossen.

**Müdigkeit wegzunehmen.** Man stelle das Pferd, nachdem es geruht hat, in

fließend Wasser bis über die Kniee gegen den
Strom und lasse es so eine gute Zeit stehen.

Pest. Lunge, Leber und ein Stück von
dem Herzen eines gefallenen Pferdes werden
in einer neuen, wohl verdeckten Pfanne gedörrt, dann pulverisirt und davon jedem Pferd
ein Loth in drei Theilen, Früh, Mittags und
Abends eingegeben.

Rotz. Junge, noch blinde Hunde werden
in einem neuen Tigel zu Pulver gebrannt,
frischer Hopfen in einem neuen Topf gekocht,
in einem neuen Sack dem Pferd unter die
Nase gehalten und ihm dann jenes Pulver in
die Nase geblasen.

Satteldruck. a. Daß der Sattel
nicht drücke, lasse man ihn unten mit roher
Leinewand beziehen, die im Frühjahr in den
Froschlaich getaucht und im Schatten getrocknet
worden.

b. Den Satteldruck zu heilen.
Frischen Lehm mit Urin durchzogen, aufgelegt.
— Eine Handvoll grünes Flöhkraut zwischen
zwei Steinen geklopft, auf die wunde Stelle
gelegt und so lang darauf liegen gelassen, bis
es ganz durchwärmt ist, dann an einen Ort
vergraben, wo es geschwind fault, den Schaden
aber alle Tage mit kaltem Wasser waschen.

c. Daß der Satteldruck trotz des
Reitens heile. Unter den Sattel rohe
Leinewand gelegt, die im Frühjahr in früh=
zeitigen Froschlaich getaucht worden, und von
selber getrocknet ist. — Ein frisch abgezogenes
Lammfell mit der Hautseite auf den Schaden
gelegt und den Sattel darauf.

Seuche s. Pest.

Stetigseyn. Einen Zaum von Wolf=
leder auflegen.

Verbällter Huf. Kuhmist umge=
schlagen.

Verfangen. Menschenkoth an das Ge=
biß geschmiert, dieß eingelegt und das Pferd
geritten. — Drei Schamhaare in Brod ein=
gegeben und das Pferd warm geritten.

Vernagelt. Das Hufeisen abgenommen,
die Stelle gesäubert, Talg hinein eingetröpfelt
und Pferdemist aufgebunden.

Verschlagen s. Verfangen.

Würmer. Dem Pferde zwei oder dreimal
von seinem eigenen Harn eingegossen. — Men=
schenkoth so viel wie eine welsche Nuß einge=
geben. — Abgegangene Würmer gedörrt und
gepülvert dem Pferde mit Brod gegeben.

Wunden, Maden darin. Ein paar
Haare vom Pferde vor Sonnenaufgang zwischen

die Rinde einer schwarzen Espe gesteckt, und
dieß etliche Tage wiederholt.

## B. An Rindvieh.

Bezauberung. Johanniskraut zu fressen
geben.

Blutige Milch. Man gebe sie der Kuh
zu saufen, so vergeht es.

Blutstallen. Buttermilch oder den eige=
nen Harn eingegossen.

Druck vom Joch. Vergleiche den Ar=
tikel: Gedrückte Stellen, in **A**.

Giftige Bisse. Eine gedörrte Kröte
aufgelegt.

Milzbrand. Etwas von einem gefal=
lenen Stück gedörrt und gepülvert und den
Kranken und Gesunden, letztern einmal, erstern
ein paarmal ein wenig davon gegeben.

Seuche. Gedörrtes Rindfleisch mit Wein=
essig gegeben. — Etwas von gefallenem Vieh,
Teufelsabbiß und Salz dem Vieh eingegeben.

Verwerfen der Kühe. Man ver=
brenne den Kopf des Kälbchens und gebe der
Kuh von dem Pulver mit Salz und Hasen=
haaren ein, so verwirft sie nie mehr.

Anmerkung. Stirbt das Saugkalb, so
verliert die Kuh die Milch.

Warzen am Kopf und Hals. Man
umbinde sie bei abnehmendem Monde mit
Pferdehaar, so sterben sie ab.

Wiederkäuen, Nicht=. Man gebe dem
nicht=wiederkäuenden Stück Vieh Speichel von
einem Wiederkäuenden auf Brod.

Wieselbiß am Euter. Man reibe
diesen mit einem Wieselbalg.

## C. An kleinerem Vieh.

Finnen. Man gebe den Schweinen Sei-
fenwasser, womit man sich gewaschen, zu
saufen.

Schaafpocken. Ein daran gefallenes
Schaaf wird verbrannt und die Asche den
Schaafen unter dem Futter gegeben, aber da-
bei etliche Tage kein Saufen.

Schweinepest. Das Herz eines gefallenen Schweins klein gehackt und mit Kleien
gemischt, den Schweinen zu fressen gegeben.

## II.

# Sympathetische Nützlichkeiten für das tägliche Leben.

---

## I.

### Für Speisen und Getränke.

---

### A. Speisen.

Fleisch geschwinder gar zu kochen. Man thue ein Stück Glas oder Stahl oder Zinn in — oder streue Salz unter den Topf.

Eine versalzene Suppe wieder gut zu machen. Man breite über der Terrine ein dünnes Tuch aus und streue Salz darauf; dieses zieht das Salz in der Suppe an sich.

Beste Zeit zum Schlachten. Bei zunehmendem Monde, denn dann ist alles Fleisch saftiger und kocht schneller.

Anmerkung. Die rechte Seite jedes Thieres ist die wärmere und kräftigere, liefert also bessere und schmackhaftere Nahrung als die linke. — Hieraus folgt zugleich, daß wir von Natur, nicht durch Gewöhnung, Rechts sind, und daß das Linksseyn ebenfalls keine Gewöhnung, sondern eine Anomalie ist, die sich nicht wohl abgewöhnen läßt, dessen auch nicht bedarf, denn in einem solchen Falle vertritt die linke Seite vollkommen die rechte.

Bemerkung. Man darf Milch nicht warm von der Kuh auf das Feuer bringen, denn die Kühe bekommen davon leicht Entzündung des Euters.

Große und starke Aale bei'm Schlachten zu bändigen, halte man ihnen einen Magnet an den Kopf.

Wenn Mehl schimmlichtes Brod gibt, thue man etwas Kornblüthe in den Taig.

## B. Getränke.

### a. Wein.

Weißen Wein in rothen — und rothen in weißen zu verwandeln. In ersterem Falle thue man Asche von rothen — im andern Asche von weißen Reben in das Faß.

Jungen Wein unschädlich zu ma=
chen, thue man etwas Erde von dem Berge,
auf welchem der Wein gewachsen, in das Faß.

Daß der Wein sich immer halte,
lege man eine Rebenwurzel aus dem Berge,
auf welchem der Wein gewachsen, in das Faß.

Trüben Wein zu klären. Man schütte
eine Schüssel reinen Sand und Kiesel nebst
etwas gestoßenem Weinstein in das Faß, rühre
es gut um und fülle es voll. Nach drei Tagen
ist der Wein klar.

Daß sich der Wein, wenn er ge=
rührt worden, bald setze, thue man
reinen Kieselstein aus klarem Fließwasser in
das Faß.

Wenn der Wein verderben will,
rühre man Weinrebenasche in das Faß.

Verdorbene Weine wieder gut zu
machen, mache man Weinstein in einem neuen
Tiegel heiß, thue ihn in das Faß und rühre
gut um.

Weinprobe. Man lege ein Ei in den
Wein, schwimmt es, so ist er gut, sinkt es, so
ist er verfälscht.

## b. Bier.

Daß ein Gebräude im Sommer

nicht sauer wird, werfe man einen Kien=
span, eine Spanne lang und einen Daumen
breit, auf das Bier, wenn es noch warm ist.

Daß das Donnerwetter dem Ge=
bräude nicht schade, decke man die Butte
mit Brettern zu, lege reine Leintücher darauf
und auf diese etwas Salz, kleine Kiesel und
Lorbeerblätter.

Daß das Bier in den Fässern bei
Gewitter nicht umschlage, setze man
Gefässe mit glühenden Kohlen in den Keller.

Daß sich das Bier lang halte, lege
man Kieselsteine aus fließendem Wasser oder
ein frisches Ei, alle Tage ein neues, hinein.

Daß Bier auf dem Faß nicht sauer
werde, verfahre man ebenso wie vorher.

Trübes Bier zu klären, werfe man
eine Handvoll reinen Sand in das Faß.

Vom Fahren trübes Bier ge=
schwind zu klären, thue man Kieselsand
hinein.

Daß ein angezapftes Faß Bier
nicht sauer werde, thue man ein Ei von
demselben Tage hinein und mache den Spund
mit Lehm fest zu.

Sauergewordenes Bier wieder
herzustellen, thue man zwei bis drei Hände

voll gemahlenes Malz in die Tonne, so gährt
es von Neuem. — Ein Büschel Hafer sammt
dem Stroh, wenn es anfängt zu gilben, vom
Felde genommen, und in das Bier gehängt.

Wenn das Bier nach dem Fasse
schmeckt, hänge man einen Bündel Weizen=
ähren hinein.

## 2.
## Für den Garten.

### A. Blumen.

Rechte Zeit zum Säen und Pflan=
zen der Blumen. Bei zunehmendem
Mond; gefüllte aber zwei Tage vor — oder
im Neumond.

Gefüllte Blumen zu ziehen, säe
man den Samen solcher, die genau bei Voll=
mond geblüht haben, und setze die Pflanzen
zwei Tage vor — oder am Neumond.

Eine verwelkte Pflanze wieder
zu beleben, setze man eine Kamille neben sie.

Den Duft der Rosen zu erhöhen, stecke man Zwiebeln oder Knoblauch um die Rosenstöcke; auch Rosen und weiße Lilien duften neben einander stärker und schöner.

## B. Gemüse.

Saatzeit für Gemüse. Alle Wurzel- und Knollengewächse müssen bei abnehmendem — alle Krautpflanzen bei zunehmendem Monde gesäet, gesteckt oder gepflanzt werden; Hülsenfrüchte im letzten Viertel.

Sehr große Rüben zu ziehen, fülle man den Samen in eine ausgehöhlte Rübe und lasse ihn drei Tage darin.

## C. Obst.

Wenn ein junger Baum nicht tragen will, peitsche man ihn im November und Februar mit starken Stricken oder dünnen Stöckchen; dieß löset die Stockung der Säfte.

Damit das Obst nicht unreif abfalle, binde man einen Kranz von Kornraute oder Weizentrespe, mit der Wurzel ausgerissen, um den Stamm; spalte eine Wurzel und stecke einen Kieselstein dazwischen.

Die Baumfrüchte vor dem schädlichen Herbstthau zu schützen, stelle man Gefäße mit Wasser um die Bäume.

Steinobst ohne Steine zu erzielen, nimmt man den Bäumen oder Aesten, die dergleichen tragen sollen, das Mark.

Saure Früchte in süße zu verwandeln, bohre man eine Spanne hoch über dem Boden ein Loch schräg einwärts in den Stamm, fülle es mit Honigseim und pflocke es zu.

Einen alten Baum zu verjüngen, stecke man unter seine Wurzeln Hagedornwurzeln und dünge mit Schweinemist.

Rechte Zeit zur Weinlese: Bei abnehmendem Monde.

## D. Sympathie und Antipathie zwischen Gewächsen.

Dem Weinstock ist die Nähe von Kirsch= und Ulmenbäumen gut. — Ein blauer Weinstock dicht an einen weißen gepflanzt, macht diesen auch blau. — Der Weinstock wird fruchtbarer, wenn man Weinstein an die Wurzeln streut. — Kastanien neben Maulbeerbäumen werden noch einmal so groß. — Der Nußbaum schadet allen Bäumen, mit Ausnahme des Hagäpfelbaums. — Citronen und Pomeranzen, Myrthe, Cypressen und Lorbeer gedeihen besser neben einander. — Feindlich sind: Oelbaum und Eiche, Weinstock und Lorbeerbaum; ein

Eichbaum, neben einen Nußbaum gesetzt, ver=
dorrt, Gurken unter Oelbäumen desgleichen.
— Schierling neben einen Weinstock gesetzt,
verwelkt. — Koloquinten sind allen Kräutern
schädlich. — Rosen werden durch die Nähe
des Knoblauchs oder der Zwiebeln wohl=
riechender. — Der Spargel liebt die Nähe
des Poley. — Rosen= und Pomeranzenwasser
hat zur Zeit der Blüthe dieser Gewächse keinen
Geruch. „Wenn die Reben wieder blühen,
rührt sich der Wein im Fasse."

## E. Bienen.

Schädlichkeiten für Bienen. Buchs=
baum, Wermuth, Salziges, Katzen, die Nähe
menstruirender Frauenzimmer. — Schwarze
Kleider können sie nicht leiden.

Anmerkung. Wenn der Bienenvater
stirbt, müssen die Stöcke auf eine andere Stelle
gebracht werden, sonst gehen sie ein. — Das=
selbe gilt von den Stubenvögeln in Bezug
dessen, der sie füttert.

Bienenstöcke vor Ameisen zu schü=
tzen. Man umwickele ihren Fuß mit Lumpen
von alten gebrauchten Fischernetzen.

Schutz vor Bienenstich. Man stecke

die Hand an einen gewissen Ort und fahre
dann mit ihr über das Gesicht.

Heilung des Bienenstichs. Siehe
diesen Artikel in I. 1.

### F. Garten-Ungeziefer.

Sperlinge von den Kirschbäumen
abzuhalten, hänge man in die Wipfel
todte Sperlinge.

Maulwürfe. Man hänge todte der=
gleichen über den Haufen auf.

Bäume vor Ameisen zu schützen,
wickle man Lumpen von alten gebrauchten
Fischernetzen unten um die Stämme.

Den Garten überhaupt von Amei=
sen zu säubern, bringe man Waldameisen
herzu, welche die Gartenameisen tödten, ohne
sonst Schaden zu thun.

Anmerkung. Die Ameisen arbeiten nicht
bei Neumond.

Obstbäume von Raupen zu be=
freien, bohre man ein Loch schräg abwärts
in den Baum, gieße Baumöl hinein und
propfe es zu. — Man schüttele die Bäume am
Charfreitag vor Sonnenaufgang.

Pflanzen vor Raupen zu sichern,

laſſe man den Samen durch eine Schlangenhaut laufen.

Raupen zu vertilgen. Man koche
Raupen in Waſſer und beſprenge mit dieſem
die Erde, nicht die Pflanzen ſelber.

Gegen Erdflöhe laſſe man den Samen
der Pflanzen durch eine Schlangenhaut laufen.

---

## 3.

### Für die Feldwirthſchaft.

---

### A. Für das Feld.

Zu erfahren, welche Getreideart
kommendes Jahr am beſten gerathen werde. Am 8. Juli ſtecke man von
jeder Getreideart etliche gute Körner in die
Erde; die bis zum 20. am beſten aufgegan-
gen ſind, werden das folgende Jahr am beſten
gedeihen.

Zeit zum Düngen. Bei abnehmen-
dem Monde, weil darauf nicht ſo viel Unkraut
folgt.

Vorsicht beim Säen. Man thue das Saatgetreide nicht in Mehlsäcke, davon kommen der Brand und andere Krankheiten hinein.

Daß kein Brand 2c. in das Getreide komme, säe man es aus einem neugewaschenen Tuche und verschließe dieses dann sorgfältig bis nach der Erndte.

Rücksichten auf den Mond bei der Saat. a. Im Allgemeinen: In zunehmendem Mond muß man Vormittags — im abnehmenden Nachmittags säen. Kein Getreide, mit Ausnahme der Erbsen und Wicken, darf bei Mondwechsel gesäet werden.

b. Im Besondern. Roggen und Weizen ist bei abnehmendem Monde — Sommerkorn und Märzgerste im letzten Viertel zu säen; Hafer im März, bei abnehmendem Monde, im April gesäet, gibt er mehr Stroh und weniger Körner; Buchweizen im letzten Viertel, sonst blüht er immerfort; Erbsen desgleichen und aus demselben Grunde; Wicken je bei zunehmendem oder abnehmendem Monde, je nachdem man sie als Futter oder als Körner benutzen will.

Vögel von der Saat so wie vom reifen Getreide abzuhalten. Man

säe gegen Abend, lasse den Samen über Nacht
unbedeckt, daß der Thau ihn durchnässen kann,
und egge kurz vor oder bei Sonnenaufgang
ein.    Dieß gilt auch für Gartensämereien. —
Bei dem Säen nehme man etliche Körner in
den Mund, ohne zu sprechen oder auszuspucken,
und verscharre sie nach beendigter Saat im
Acker. — Man vergrabe eine Kröte in einem
neuen Topfe mitten im Acker.

Wild vom Felde abzuhalten. Hun=
dekoth mit Sand zerrieben und um die Ein=
fassung des Feldes gestreut. — Kleine Stück=
chen von einem krepirten Hund hier und da
verscharrt.

Wilde Schweine von den Kartof=
fel= und Rübenfeldern abzuhalten,
verscharre man hie und da todte Krebse im
Acker.

Raupen von den Krautfeldern
abzuhalten, vergrabe man ein Hasenbein
mitten im Felde.

Gegen die Feldschnecken. Im Früh=
jahr Froschlaich gesammelt und damit das
Saatgetreide benetzt, oder beim Säen etliche=
mal die Hand.

## B. Für die Wiesen.

Maulwurfshaufen, sind in abnehmendem Monde zu zerstören.

Rechte Zeit, Heusamen auszustreuen. Im März bei zunehmendem Monde.

Zeit zum Heu- und Grummetmachen. Bei zunehmendem Monde, weil dann das Gras mehr Saft hat, folglich ein besseres Futter gibt.

## C. Für den Wald.

Zeit, Holz zu fällen. a. Brennholz: Laubholz ist bei abnehmendem — Nadelholz im neuen Mond des Januars zu hauen.

b. Bauholz: Im November, December und Januar bei abnehmendem Monde.

c. Brettholz: ebenfalls im abnehmenden Mond.

d. Lattenholz: Im Januar im letzten Mondviertel, und wenn kein Südwind wehet, auch seit drei Tagen nicht gewehet hat.

Zeit, Weiden zu kappen und zu setzen. Im letzten Mondviertel des Februar.

Daß die Ameisen ihre Haufen verlassen, werfe man Abgänge von Fischen hinein.

Einen Waldbrand zu löschen. Man
mache unter dem Wind ein Gegenfeuer, so
wird dieses zu dem ursprünglichen größeren
Feuer hingezogen, und so wie die beiderseiti-
gen Flammen zusammenschlagen, verlöscht das
Feuer unter einem großen Geprassel. — Ist
Erfahrungssache.

## D. Für die Teiche.

Wenn die Karpfen wie todt oben
auf schwimmen, bringe man sie in einen
andern Teich, so erholen sie sich wieder. Dieß
gilt namentlich, wenn der Blitz in den Teich
geschlagen hat.

Leicht Fische zu fangen. Thue
Schaaflorbeeren in die Schuhe, gehe einen Tag
darauf herum, und thue sie dann an die Angel
oder in das Netz.

Aale zu erzeugen. Man schneide eine
Aalhaut in kleine Stücken und werfe diese in
einen schlammigen Teich. — Man schneide
von einer Haselstaude einen Sommersprößling
ab, steche auf einer Wiese einen Rasen, so lang
als jener, aus; mache mit dem Finger eine
Rinne in die Erdseite des Rasens und lege
die Ruthe hinein; dann steche man noch einen
dergleichen Rasen, lege ihn auf jenen und

lasse sie drei Tage aufeinander liegen. Nimmt
man dann den obersten Rasen ab, so findet
man die Haselruthe voll kleiner bläulichter
Würmchen. Man deckt nun die Rasen wie=
der zu, bindet sie mit einem Bindfaden zusam=
men und wirft sie in einen schlammigen Teich;
so bekommt man eine Menge Aale.

Krebse zu erzeugen. Die Asche von
verbrannten Krebsen wird in einem irdenen
Geschirr mit ein wenig Wasser angefeuchtet
stehen gelassen; so sind in 20 Tagen eine
Menge kleiner Würmchen da, welche, mit Rin=
derblut besprengt, zu Krebsen heranwachsen.

Damit Frösche über Nacht nicht
quacken, mache man am Ufer des Teiches
ein Feuer und unterhalte es.

Damit Frösche ihren Aufenthalt
verlassen, werfe man Hohlwurz in das
Wasser.

## 4.

# Für das Vieh.

---

### A. Pferde.

Das Geschlecht des zu zeugenden Pferdes zu bestimmen. Stuten, bei zunehmendem Monde belegt, bringen Hengst= — bei abnehmendem Monde Stuten=Füllen.

Die Farbe zu bestimmen. Man stelle der Stute während des Sprunges einen Gegenstand von der begehrten Farbe vor Augen; so haben z. B. die Spanier vor Zeiten Schecken gezogen; auch sollen Schecken fallen, wenn Frauenzimmer zugegen sind.

An der trächtigen Stute das Geschlecht des Füllen zu erkennen. Legt sie sich auf die linke Seite, so hat sie ein Hengstfüllen, legt sie sich auf die rechte Seite, so hat sie ein Stutenfüllen, weil die männliche Frucht mehr rechts, die weibliche mehr links liegt, welches wieder daher rührt, daß — wie schon erwähnt worden — die rechte Seite jedes Thiers die wärmere und kräftigere ist, also hier das Männliche producirt und ernährt wird.

Zeit zum Absetzen der Füllen. Bei vollem Monde, weil sie dann kräftiger sind.

Zeit zum Reißen der Hengstfüllen. Bei Neumond, weil dann nicht so viel Saft im Fleische ist.

Damit ein Pferd nicht wiehere, binde man ihm einen Stein auf den Kopf, einem Esel aber, damit er nicht yahne, einen Stein unter den Schwanz.

Einem Hengst das Wiehern abzugewöhnen, gieße man den Urin eines Knaben auf Kohlen und lasse den Dampf an den Schaft des Hengstes gehen.

Damit Pferde nicht auf Frauenzimmer losgehen, mögen diese, besonders wenn sie ihre Periode haben, des Morgens etwas frischen Pferdemist in die Schuhe thun und so lange liegen lassen, bis sie einige Zeit damit herumgegangen sind.

Damit Pferde einem Kinde Zeitlebens nichts thun, lasse man dieses einem Pferde das Maul küssen.

Anmerkung. Die Pferde werden von der Nähe der Katzen schwach, daher Kutscher und Reiter im Winter keinen Katzenpelz an sich haben dürfen. — Auch eine Ladung Aepfel macht die Pferde schwach.

Ein Pferd muthig zu machen. Man gebe ihm zwei bis dreimal von dem pulverisirten Netz, worin das Füllen gelegen.

Damit ein Pferd gut laufe, gebe man ihm über Nacht Hafer in einem über die Ohren gehängten Säckchen zu fressen. — Man hänge ihm einen Wolfszahn um den Hals. — Reibe ihm die Brust mit dem Blut eines schwarzen Hahns.

Daß ein Pferd im Wettlauf gewinne, binde man ihm Eberwurz oder Eisenkraut in das Gebiß.

Unbändige Pferde zu zähmen. Man führe wiederholt Striche mit der flachen Hand von der Stirn nach der Nase hinab; beim Beschlagen von der Mitte des Rückens das Kreuz hinab.

Ein scheues Pferd ruhig zu machen. Man halte ihm ein Fenster vor. Die mehrsten Thiere haben Furcht vor Glas, so auch die Hunde.

Daß sich ein angebundenes wildes Pferd nicht losreiße, beschmiere man den Riemen oder Strick mit Schweinemist.

Ein Pferd theilweise oder ganz weiß zu machen. Man siede einen lebendigen Maulwurf in Wasser, lasse ihn drei

Tage darin liegen und wasche das Pferd stellenweise oder ganz damit.

## B. Rindvieh.

Eine Kuh tragend zu machen, mache man im Frühling neun Erlenknospen zu Pulver, gebe sie der Kuh in neugebackenem Brod und lasse sie bald darauf bespringen.

Beim Sprung zu erkennen, ob ein Stier= oder Kuhkalb gezeugt worden. Wenn der Stier auf der rechten Seite der Kuh hinabsteigt, so ist es ein Stier= — thut er es auf der linken Seite, so ist ein Kuhkalb geworden.

Das Geschlecht des Kalbes an der tragenden Kuh zu erkennen. Vergl. denselben Artikel unter: Pferde.

Damit eine Kuh bei Tage kalbe, melke man sie das letztemal des Morgens.

Anmerkung. Stirbt das Saugkalb, so verliert die Kuh die Milch.

Erstes Kalb. Wenn eine Kuh das erste Kalb bringt, gebe man ihr ein Stück von der Nachgeburt ein, so bleibt sie gesund, gibt gute Milch und kalbt künftig leicht.

Aus welchen Kälbern gutes Vieh wird. Die von Lichtmeß bis Fastnacht ge=

worfenen Kälber werden gute Milchkühe. —
Vieh, welches im abnehmenden Mond jung
wird, ist nicht gut zur Zucht.

Daß eine Kuh viel Milch gebe, gebe
man ihr, wenn sie das erste Kalb trägt, einen
halben Aalschwanz in einem halben Brod zu
fressen.

Wenn einer Kuh die Milch ausgehen will, gebe man ihr des Morgens nüchtern ihre eigene Milch ein, so kommt sie wieder.

Mastkühen die Milch zu nehmen,
gib ihnen ihre eigene Milch stark mit Zucker
versüßt zu trinken.

Daß eine Kuh das nächstemal ein
Kuhkalb bringe, nehme man ihre Reinigung, wenn sie kalbet, und vergrabe sie unter
einem Apfelbaum.

Daß Vieh vor den Wölfen gesichert sey, gebe man ihm im Frühjahr dür-
res Wolfsfleisch zu fressen, so bleibt es das
Jahr frei.

Anmerkung. Dasselbe gilt auch von
Pferden und Schaafen.

## C. Schaafe.

Einem stößigen Widder das Stoßen zu verleiden, bohre man ihm, nahe

an den Ohren, ein Loch in das Horn. Daß=
selbe gilt vom Ziegenbock. — Ein böser Bock
wird gut, wenn man ihm den Bart streicht.

Anmerkung. Ein Widder liegt ein hal=
bes Jahr auf der einen — das andere halbe
Jahr auf der andern Seite.

Zeit zur Schur. Bei zunehmendem
Monde, weil dann die Wolle saftiger ist.

### D. Schweine.

Rechte Zeit zum Aufstellen der
Mastschweine. Im ersten Viertel um
Bartholomäi.

Die Schweine gesund zu erhalten.
An jedem Ende des Futtertroges bohre man
ein Loch, lasse Quecksilber hinein und keile das
Loch mit einem Spunden von hartem Holze zu.

Zeit zum Schlachten. Bei zuneh=
mendem Monde.

### E. Hund und Katze.
#### a) Hunde.

Zu erkennen, welches der beste
Hund in einem Wurfe sey. Derjenige,
welchen die Hündin zuerst wieder holt, wenn
man die Jungen alle wo anders hin gethan hat.
Auch der, welchem zuletzt die Augen aufgehen.

Einen Hund an sich zu gewöhnen. Man gebe ihm ein Stück Brod zu fressen, welches man eine Zeitlang in der Achselgrube liegen gehabt. — Man spucke ihm öfters in das Maul.

Daß einen kein Hund anbelle, trage man einen Hasenfuß am rechten Arm, oder man trage Schlangenkraut bei sich.

Daß einen kein Hund beiße, trage man Beifuß und Eisenkraut bei sich. — Wenn ein Hund auf einen loskommt, ziehe man die Daumen ein.

Damit ein Hund zeitlebens nicht toll werde, gebe man ihm einmal Weiber=milch zu saufen.

### b) Katzen.

Die Antipathie gegen Katzen zu verlieren, trage man Katzenhaare auf dem bloßen Arm.

Damit eine Katze nicht nasche, schneide man ihr die Barthaare ab; sie fängt aber dann auch nicht Mäuse.

Katzen von einem Orte abzuhal=ten, hänge oder trage man ein Stückchen fri=sches Katzenfell hin.

Damit eine Katze bei Verände=

rung der Wohnung nicht in die alte zurückkehre, trage man sie verkehrt in die neue.

Anmerkungen. Wenn der Kater verreckt, verwirft die von ihm trächtige Katze. — Die Pupillen der Katzen nehmen mit dem Monde zu und ab.

## F. Federvich.

Weiße Pfauen zu bekommen. Man hänge der Pfauhenne, die Zeit des Brütens über, ein weißes Tuch vor Augen.

Straubhühner zu bekommen, streiche man die Eier zu wiederholten Malen mit der Hand vom spitzen nach dem stumpfen Ende zu.

Daß gekaufte Hühner nicht weggehen, wasche man ihnen die Füße mit reinem Wasser und stelle ihnen dann dasselbe zum Saufen hin.

Hühner an sich zu gewöhnen, gebe man ihnen Wasser zum Saufen, in welchem man sich (ohne Seife) die Hände gewaschen.

Damit die Wiesel die Eier nicht aussaugen, lege man Weinraute neben die Nester.

Anmerkung. Die bei zunehmendem Mond gelegten Eier kriechen gewisser aus.

Tauben im Schlage zu behalten und zugleich vor Stößern zu schützen. Ehe man sie in den Schlag setzt, ziehe man ihnen zwei Federn aus dem rechten Flügel unten heraus und stecke diese im Taubenschlag in einen Ritz fest ein. — Die Eierschalen lege man unter die Nester. — In das Getränk thue man Eberwurz. — Man lege Allermannsharnisch in einem Lappen unter das Flugbrett.

Füchse und Marder von den Hühnerställen und Taubenschlägen abzuhalten, hänge man ein Stück Wolfspelz vor den Eingang.

---

## 5.

### Für Wild.

Vor wilden Thieren sicher zu seyn, schmiere man sich mit Löwenfett ein.

Wölfe vom Gehöfte abzuhalten, vergrabe man einen Wolfsschwanz im Hofe.

Vor Wölfen sicher zu seyn, trage man das Ende eines Wolfsschwanzes bei sich.

Wölfe herbeizulocken, um sie schießen zu können, verbrenne man Teufelsdreck (asa foetida); dieß ist bei den Canadiern gebräuchlich.

Wild aus dem Umkreis einer Meile zu Hauf zu versammeln. Man schießt ein Stück Wild, welches trächtig ist, nimmt die Frucht heraus und siedet sie in einem Kessel mit Wasser, bis das Ganze ein Brei wird. Hierauf nimmt man die Wurzeln von Liebstöckel und Pimpinell, welche zuvor einige Wochen auf einem Boden an der Luft getrocknet worden, von jedem eine gute Futterschwinge voll und stößt sie klein; ferner einen noch größeren Theil Lehm von einem Backofen, endlich eine Mulde voll gestoßenen Salzes und alle Lake aus einer Heringstonne. Alles dieses vermengt man mit der zerkochten Frucht des erlegten Wildes, daß davon ein Taig entsteht, womit man in der Entfernung eines Flintenschusses voneinander die Bäume bestreicht. Alles Wild, im Umkreis von wenigstens einer Meile, zieht sich nach dieser Gegend hin.

## 6.

### Für Ungeziefer.

Ratten und Mäuse zu vertreiben, lege man abgezogene Köpfe von Ratten oder Mäusen hin.

Daß Mäuse nicht Bücher anfressen, stelle man ein Glas mit Wasser dazu.

Schlangen vom Gehöfte zu vertreiben, halte man einen rothen Hahn.

Vor Schlangen sicher zu seyn, trage man einen getrockneten Schlangenkopf bei sich.

Schlangen ohne Schaden anzufassen. Dieß geschieht mit der linken Hand.

Hausgrillen los zu werden, bringe man Feldgrillen dazu; diese verjagen jene und bleiben selber nicht da.

Kornwürmer auszurotten. Die weißen werden durch die herbeigebrachten schwarzen — die schwarzen durch die große schwarze Waldameise ausgerottet.

Daß keine Fliegen in das Haus kommen, hänge man einen Wolfsschwanz davor auf.

Vor Mücken Ruhe zu haben, hänge man einen Roßschweif vor die Thüre.

## 7.
## Für Witterungs-Vorherbestimmung.

### A. Der Mond als Wetterverkündiger.

Der vierte und fünfte Tag nach
dem Neumond bestimmen das Wetter des
ganzen Monats, und zwar:

Nichts sagt der Erst' und Zweite dir,
Der Dritte etwas, glaube mir,
Doch wie des Viert' und Fünften Schein,
So wird der ganze Monat seyn.

Ferner: Wie das Wetter am vierten Tag
nach dem Neumonde des Morgens, Mittags
und Abends ist, so ist es im ersten Viertel,
im Vollmond und im letzten Viertel.

Kennzeichen am Mond selber. Je
nachdem am zunehmenden Mond die obere
Spitze oder die Mitte oder die untere Spitze
dunkler erscheint, gibt es im ersten Viertel,
im Vollmond oder im letzten Viertel Regen.

### B. Thiere als Wetterpropheten.

#### a) Säugethiere.

Wenn das Rindvieh gegen Mittag nach
Luft schnappt, und den Kopf mit offenen

Nasenlöchern in die Höhe richtet, wenn es mit den Füßen und Hörnern in die Erde kratzt, wenn die Rinder die Füße lecken; — wenn der Esel die Ohren spitzt und schüttelt und sie dann zurücklegt; — wenn die Schweine Heu und Stroh umherwerfen; — wenn die Hunde Gras fressen, sich auf der Erde wälzen, nicht fressen wollen, in die Erde kratzen, des Morgens heulen, wenn es ihnen im Bauche kollert; — wenn die Katzen sich lecken und putzen und mit den Pfoten die Ohren streichen; — wenn die Schaafe muthwillig sind und mit den Köpfen gegen einander stoßen, wenn sie auf dem Heimweg das Gras an den Gräben fressen und sich kaum davon abtreiben lassen; — wenn die Ziegen begierig zum Futter eilen; — wenn die Maulwürfe ihre Haufen besonders hoch machen: so folgt Regen.

Wenn das Vieh mit aufgereckten Schwänzen auf der Weide umherspringt, folgt Donnerwetter.

Wenn die Fledermäuse Abends viel fliegen — schönes Wetter.

### b) Vögel.

Wenn die Hähne zur ungewöhnlichen Zeit krähen, so ändert sich das Wetter.

— Wenn die Hennen sich viel putzen und pipend umhergehen oder sich im Staube wälzen, so folgt Regen. Wenn die Hennen des Morgens aus dem Stalle zu gehen zögern, desgleichen wenn sie zu Anfang des Regens nicht bald unter Dach gehen, so regnet es lange.

Wenn die Eule des Nachts bei Regenwetter viel schreit, so folgt schönes Wetter, desgleichen wenn die Kraniche in guter Ordnung und mit stetigem Fluge ziehen. Wenn sie aber bei schönem Wetter stark schreien und in der Höhe in einem Ringe umherkreisen, so kommt Ungewitter. Ebenso bei Raubvögeln.

Wenn sich Enten und andere Wasservögel mit großem Geschrei baden und dabei viel untertauchen, so gibt es Regenwetter.

Wenn die Krähen sich baden oder gegen Abend großes Geschrei machen; — wenn die Dohlen, Elstern und Heher des Morgens sehr schreien; — wenn die Schwalben dicht an der Erde und an den Mauern fliegen; — wenn die wilden Gänse und Kraniche ihre Flugordnung verwirren und stillschweigend fliegen; — wenn die Gänse mit Zank und Geschrei an das Futter gehen; — wenn

die **Krähen** haufenweise über hohen Gegen=
ständen im Kreise umherfliegen, und sich dann
am Ufer des Wassers sammeln, daselbst hin=
und herlaufen, sehr schreien und sich in das
Wasser tauchen; — wenn die Dohlen einsam
auf den Dächern sitzen und mit den Flügeln
schlagen, auch mit den Schnäbeln in den
Federn hin= und herfahren; — wenn der
**Storch** auf beiden Beinen im Neste steht,
sich schüttelt und den Schnabel in die Federn
steckt; — wenn der **Zaunkönig** munter ist;
— wenn die **Krähen** sich im Wasser auf
einen Stein setzen und oft untertauchen; —
wenn die **Pfauen** Nachts viel schreien; —
wenn der **Reiher** sein Wasser verläßt und
sich traurig auf das Feld setzt oder sehr hoch
fliegt; — wenn die **Raben** sich an die
Bäume henken und mit den Flügeln schlagen;
— wenn die **Wasservögel** das Wasser
verlassen und sich auf das Land setzen und die
Federn schütteln, und dagegen die **Landvö=
gel** sich am Wasser versammeln und bei Ge=
schrei besprengen und untertauchen; — wenn
die **Sperlinge** und andere **kleine Vögel**
viel schreien, traurig und faul sind; — wenn
die **Finken** vor Sonnenaufgang schlagen;
— wenn der **Blauspecht** viel knarrt und

schreit: so folgt Regen und Ungewitter.

Dagegen: wenn die Raben viel schreien,
den Schnabel gegen die Sonne aufsperren,
des Morgens auf Bäumen sitzen und die Flügel ausbreiten; — wenn die Holztauben
viel rufen; — wenn die Weihen hoch in
der Luft fliegen und spielen; — wenn die
Nachtigall zu jeder Stunde singt; so folgt
schönes Wetter.

Wenn die Wasservögel sich von ihrem
gewöhnlichen Aufenthalt in größere Gewässer
begeben, so folgt starke Kälte.

### c) Amphibien.

Wenn die Frösche des Morgens — und
die Laubfrösche des Nachts sehr quacken,
wenn die Kröten hervorkriechen, so deutet
dieß auf Regen und Ungewitter. —
Wenn der Froschlaich zu Anfang des Früh-
lings tief im Wasser liegt, so zeigt dieß auf
einen trockenen und warmen Sommer;
liegt er im flachen Wasser des Ufers, so folgt
ein nasser Sommer.

### d) Fische.

Wenn die Fische im Wasser hochgehen
und aufspringen, so folgt Regen.

e) Insekten und Würmer.

Wenn die Krebse an das Land kommen, folgt Ungewitter; wenn die Bienen im Stock bleiben, Regen.

Die Spinnen und namentlich die Fensterspinne und die Kreuzspinne sind untrügliche Wetterpropheten. Um sie in dieser Hinsicht zu beobachten, muß man sie nicht füttern und ihnen überhaupt nicht merken lassen, daß man sie beobachte; auch versteht sich, daß sie sonst auf keine Weise gestört werden dürfen. — Je weiter die Fensterspinne vorne im Neste sitzt, und je weiter sie ihre Vorderbeine herausstreckt, desto länger kann man auf gutes Wetter rechnen. Je weiter sie sich aber mit umgekehrtem Leib in den Hintergrund des Netzes verkriecht, desto anhaltender schlecht wird das Wetter. — Die großen oder alten Spinnen zeigen das Wetter genauer an als die jungen. Wegen vorfallender Zufälligkeiten ist es aber nöthig, mehrere zugleich zu beobachten. Die Frühstunden sind dazu die tauglichsten. — Wenn man um 10 Uhr Morgens die Kreuzspinne im Mittelpunkt ihres Netzes trifft und sie dasselbe mit ihren Füßen rüttelt, so ist einer der schönsten Tage zu erwarten.

Wenn die Spinnen von den Wänden fal=
len, wenn Bremsen, Fliegen, Mücken,
Flöhe sehr stechen; — wenn die Regen=
würmer häufig hervorkommen; — wenn
die Ameisen durch einander laufen, ohne
zu arbeiten: so folgt Regen und Unge=
witter. — Wenn aber die Regenwür=
mer viele kleine Häufchen neben einander auf=
werfen, und die Mücken des Abends in
Haufen auf= und niedersteigen, so folgt schö=
nes Wetter.

## C. Pflanzen als Wetterverkündiger.

### Die Eicheln als Jahres=Propheten.

Willst du sehen, wie das Jahr gerathen soll,
So merk' dir die folgende Lehre gar wohl.
Nimm wahr der Eichäpfel um Michaelis Tag,
An welchen man das Jahr erkennen mag.
1. Haben sie Spinnen, so kommt ein bös Jahr,
   2. Haben sie Fliegen, zeigt ein Mitteljahr,
3. Haben sie Maden, so wird das Jahr gut,
   4. Ist nichts darin, so hält der Tod die Hut.
5. Sind die Eichäpfel früh oder sehr viel,
   So schau, was der Winter anrichten will:
Mit viel Schnee kommt er vor Weihnachten,
   Darnach magst du große Kält betrachten.

6. Seyn die Eichäpfel schön innerlich,
   So folgt ein schön Sommer sicherlich,
Auch wird die Zeit wachsen schön Korn,
   Also ist Müh' und Arbeit nicht verlorn.
7. Werden sie innerlich naß erfunden,
   Thun einen nassen Sommer verkunden;
8. Sind sie mager, so wird der Sommer heiß,
   Dieß sey dir gesagt mit allem Fleiß.

So lang der Maulbeerbaum nicht aus-schlägt, steht noch Frost zu erwarten. — Wenn der Mandelbaum mehr Blüthen als Blätter hat, folgt ein fruchtbares Jahr. — Wenn der Buchampfer (Guckgucksklee) viel blüht, steht ein nasses Jahr zu er-warten, hat er wenig Blüthen, ein trockenes. — Wenn vor den Hundstagen viele Reitz-ken wachsen, so geräth der Wein nicht. — Wenn der abgehauene Roggen knastert, als ob man ihn entzwei bräche, wenn der Klee seine Blätter schließt, wenn die Blu-men stark riechen, so kommt Regen.

## 8.

## Für Geschlechts-Verhältnisse.

### Naturalia non sunt turpia*.

Menstruation. Sie hängt, wie so manches andere, vom Monde ab, daher auch die Benennung Monatliches. Die ersten zehn Jahre nach ihrem Eintreten erscheint sie um die Zeit des Neumondes, die nächsten zehn Jahre mit dem Vollmonde, und gegen ihr Aufhören um das letzte Viertel. — Der Beischlaf während dieser Periode (in der Regel drei Tage) ist dem Manne schädlich, und erzeugt ungesunde oder mißgestaltete Kinder; selbst die Ausdünstung und Berührung der Menstruirten ist schädlich, daher auch Moses sie absonderte, Buch 3. Kap. 15. Was sie von Speisen und Getränken anfassen, verdirbt, namentlich werden Wein und Essig davon kohnigt, Früchte vertrocknen, Blumen verwelken, Gurken werden bitter, Bienen entweichen, Fliegen sterben; der Glanz der Spie-

---

* Des Natürlichen braucht man sich nicht zu schämen.

gel und alles Polirte erlischt, Schneiden wer=
den stumpf, Eisen rostig, Farben fleckig. Wie
aber alles Gift zugleich ein Heilmittel ist, so
auch das Menstruum, wovon schon mehrere
Beispiele angegeben worden.

Rechte Zeit für den Beischlaf. Im
zunehmenden Mond und wenn das Weib eben
ihre Periode beendigt hat.

Das Geschlecht des zu zeugenden
Kindes zu bestimmen. Den ersten bis
fünften Tag nach der Reinigung empfängt
das Weib leichter einen Knaben, vom fünften
bis achten leichter ein Mädchen. Später gar
nicht. — Ferner: Da die rechte Seite jedes
Thieres die wärmere und kräftigere ist, so kann
man mit Recht folgern, daß im Eierstock die
männlichen Eierchen auf der rechten, — die
weiblichen auf der linken Seite liegen. Das
Weib neige sich also während des Beischlafes
ein wenig nach der Seite, auf welcher sie be=
fruchtet seyn will, oder hebe in gerader Lage,
den Schenkel der entsprechenden Seite etwas
höher. — Noch ist zu bemerken, daß seltener
Beischlaf eher Knaben, öfterer aber leichter
Mädchen gibt, so wie auch starke Weiber mehr
Knaben als Mädchen bringen.

Zeichen der Empfängniß. Wenn das

Weib nach dem Beischlaf gähnt, so hat sie empfangen, nießt sie — so nicht.

Beförderungs- und Verhinderungsmittel der Empfängniß. Die Leber und die Testikeln eines jungen (zumal wilden) Schweins genossen, machen beide Theile fruchtbar. — Milch von einer neumelkenden Kuh euterwarm getrunken und innerhalb einer halben Stunde beigewohnt, hebt die Unfruchtbarkeit des Weibes. — Das Weib trage einen Adlerstein auf der Brust, den sie aber bei dem ersten Kennzeichen der Schwangerschaft abzulegen hat. — Dagegen, wenn die Frau eine Biene ißt, wird sie nie schwanger und der Mann wird impotent durch das Essen von Johanniswürmchen.

Schwangerschaftsprobe. Lege eine englische Nähnadel über Nacht in ein kupfernes Gefäß mit dem Urin der Betreffenden; hat die Nadel am Morgen rothe Flecken, so ist die Frau schwanger, ist sie schwärzlich angelaufen oder rostig, so ist sie es nicht.

Probe der Fruchtbarkeit und Unfruchtbarkeit. Wenn eine in den Urin des Mannes oder des Weibes geworfene Linse keimt, so sind sie fruchtbar, im Gegentheil nicht. Ebenso, je nachdem etwas vom Samen des Mannes oder von dem Menstruum des Weibes in Wasser zu Boden sinkt oder nicht.

**Das verlorene männliche Ver=mögen wieder zu erlangen.** Vergl. den Artikel: Impotenz in I., 1.

**Das Geschlecht des Foetus zu er=kennen.** Wenn Pulver von gebrannten Schneckenhäusern im Urin einer Schwangern zu Boden fällt, so geht sie mit einem Knaben, — schwimmt es oben, so hat sie ein Mäd=chen. — Wenn ein Tropfen Milch, aus der Brust der Schwangern in eine Schale reinen Wassers gelassen, oben schwimmen bleibt, so geht sie mit einem Knaben, fällt er zu Boden — mit einem Mädchen. — Auch die Brüste selbst geben ein Zeichen ab; bei einem Jungen wird die rechte Brust nach zwei Monaten voller und dabei härtlich, bei einem Mädchen nimmt die linke nach drei Monaten zu, ist dabei aber weichlich. Auch befindet sich die mit einem Knaben Schwangere wohler, hat guten Ap=petit, gute Farbe, Leichtigkeit der Bewegung und das Kind macht trotz seiner Bewegungen keine Unbequemlichkeit; mit einem Mädchen ist dieß alles der entgegengesetzte Fall.

**Kennzeichen von Zwillingen.** Wenn beide Brüste gleich groß werden und dabei

härtlich sind, die Frau mager, aber wohl aus=
sehend ist, so kommen ein paar Jungen.
— Nehmen beide Brüste zu, so daß die rechte
härtlich, die linke weichlich ist, empfindet die
Schwangere mehr Bewegung in der rechten
Seite und ist die rechte Gesichtshälfte gesün=
der aussehend als die linke, so kommt ein
Junge und ein Mädchen. — Wenn
beide Brüste gleich groß und weich, Befinden
und Aussehen schlecht, so werden ein paar
Mädchen.

Zeichen von Krankheit und Tod
des Foetus. Wenn die entsprechende Brust
weicher wird, so ist das Kind krank, wird sie
ganz weich, so wird das Kind sterben, ent=
weder vor oder in der Geburt; ebenso wenn
aus der correspondirenden Brust Milch kommt
und die Frau dabei krank ist. Ferner sind
Menstruation oder sonstiger Blutverlust wäh=
rend der Schwangerschaft, viele und leichte
Gemüthsbewegungen Zeichen der Krankheit
des Foetus.

Die todte Frucht abzutreiben,
trinke die Schwangere die Milch eines andern
Weibes.

Die Leibesfrucht zu stärken, trage

die Schwangere Eichenmispel um den Hals oder Arm.

**Gefährliche Monate für den Foetus.** Diese sind der erste, zweite, dritte, siebente, achte und neunte.

**Frühgeburten.** Ein Kind mit sieben Monaten geboren, kann leben bleiben, eins von acht Monaten lebt höchstens acht Tage.

**Beförderungsmittel der Niederkunft.** S. den Artikel: Niederkunft zu befördern, in I, 1.

**Die Milch in den Brüsten aufhören zu machen,** bei Entwöhnung ꝛc. melke die Milch auf glühende Kohlen. Vergl. hierzu auch den Artikel: Milchstechen in I, 1.

**Keuschheitsmittel.** Man trage einen Ring mit einem Jaspis oder Topas.

# III.
## Sympathetische Kunststücke.

---

### 1.
#### In Bezug auf den Menschen unmittelbar.

---

### A. Zur Erhöhung der Gesundheit und Stärke.

Ein hohes Alter zu erreichen. Eine starke gesunde Eiche wird um das Herbst=Aequinoctium an den Wurzeln aufgegraben, diese angebohrt, Zapfen eingeschlagen und übrigens verdeckte Krüge unter sie gestellt und die Erde wieder zugefüllt. Im Frühjahr gräbt man wieder auf und findet die Krüge voll Eichensaft; dieser wird über den Helm gezogen und so von den groben Theilen gereinigt.

Sympathie.                    7

Von diesem rectificirten Safte alle Morgen
nüchtern einen Löffel genommen, macht stark,
gesund, langlebend; der Baum aber stirbt ab.

Sehr stark zu werden. Man vergrabe
eine Flasche guten rothen Wein in einem
Ameishaufen und lasse sie ein ganzes Jahr
darin. Dann nehme man sie heraus und
trinke zuweilen etwas von dem Weine.

Die Stärke eines Rosses zu erlangen. Bei Neumond vermische man frischen
Mist von kräftigen Pferden, am besten von
Hengsten, mit guter Erde und pflanze darin
schwarze Eberwurz. Vor dem nächsten Neumond nehme man sie heraus, esse und trage
davon bei sich, halte sich auch viel bei denselben Pferden auf und schlafe in ihrem Stalle,
so wird man auf Kosten der Pferde stark.

Armen und Beinen auf kurze Zeit
außerordentliche Stärke zu geben,
schmiere man sie wiederholt mit Beifußsaft ein.

Bei'm Gehen nicht müde zu werden, trage man Beifuß, um Bartholomäi
ausgegrabe , in den Schuhen.

Unterwegs nicht zu dursten, halte
man einen kleinen Bergkrystall im Munde.

Vor Beschädigung durch Stoß,

Fall, Schlag ꝛc. sicher zu seyn, trage man einen Ring mit einem Türkis.

Der Hand große magnetische Kraft mitzutheilen, so daß man mittelst ihres Auflegens selbst Krebsschaden heilen kann. Man umspanne mit ihr einen Maulwurf und lasse ihn so sterben.

Sich magnetisch zu machen; breite man an einem heitern Abend die Hände gegen Nord=Westen aus und bleibe eine Weile in dieser Stellung.

Haare wachsen zu machen, wo man will, benetze man den Ort mit Hundemilch.

### B. Für Nacht und Schlaf.

Nachts allein an einem einsamen Ort sich nicht zu fürchten, bestreiche man das Gesicht mit destillirtem Wasser aus Menschenblut.

Nachts im Finstern zu sehen, schmiere man die Augenlider mit dem Blut einer Fledermaus.

Bei Nacht nicht zu schlafen, trage man das Herz einer Fledermaus bei sich.

Zu bestimmter Stunde aufzuwachen, lege man so viele Lorbeerblätter, als man Stunden schlafen will, in ein feines

Tüchlein, bindet dieses auf den Wirbel des
Kopfes und legt sich auf die linke Seite
schlafen.

Nicht zu träumen, hänge man Portu=
lak über dem Bette auf.

Angenehm und wahr zu träumen,
schlafe man auf Schaffellen.

Um einen Traum nicht zu verges=
sen, über welchem man aufwacht
und der einem merkwürdig scheint,
lege man sich auf die andere Seite und schlafe
fort.

Sich bei Tage eines vergessenen
Traumes zu erinnern, reibe man das
Hinterhaupt.

### C. In Bezug auf Krankheit und Tod.

Daß ein Schlag, den man Jeman=
den gegeben, diesem nicht schade,
spucke man in die Hand, mit der man ge=
schlagen hat.

Sich ein Glied ohne Schmerzen
abnehmen zu lassen, reibe man es mit
Schierlingssaft ein.

Daß ein böser Zahn von selber
ausfalle, schmiere man ihn mit einem Taig
aus Mehl und Springwurz ein.

Kennzeichen, ob ein schwer Kranker leben bleiben oder sterben wirde. Man reibe des Kranken Stirne mit Brod oder seine Fußsohlen mit Speck und werfe dieß einem Hunde vor; frißt er es, so bleibt der Kranke am Leben, läßt er es liegen, so stirbt jener. — Man lege Brod, worein der Kranke gebissen, an einen Ort, wo weder Sonne noch Mond hinscheint; nimmt die Krankheit zu, so wird das Brod immer dunkler, und sechs Stunden vor des Patienten Tode wird es ganz schwarz. — Man thue grüne taube Nesseln in des Kranken Urin; sind sie nach 24 Stunden noch grün, so wird er gesund, werden sie aber welk oder faul, so stirbt er. — Man mische Milch von einer Frau, die einen Knaben säugt, unter des Kranken Urin; gerinnt die Milch, so wird er gesund, gerinnt sie nicht, so stirbt er. — Wenn ein dem Kranken auf das Herz gelegter Smaragd ganz bleibt, wird jener gesund, springt er, so stirbt der Kranke. — Man zähle die Tage seit Anfang der Krankheit, suche ein Kraut von eben so vielen Blättern, und hänge dessen Wurzel dem Kranken um, wird er darauf vergnügt, so geneset er wieder, wird er traurig, so stirbt er. — Man zähle die Tage vom 26. Juni bis zu dem Tage, an welchem der Patient krank geworden und dividire die erhaltene Zahl durch Drei. Geht die Division auf, so geneset der Kranke, bleibt Eins übrig, so bleibt er noch lange krank, bleibt Zwei, so stirbt er.

**Probe, ob ein Verwundeter leben bleiben oder sterben wird.** Sandel- und Blutstein gleichviel pulverisirt, das Instrument der Verwundung an einem gelinden Feuer warm werden lassen, so daß man es auf der Hand leiden kann, und das Pulver darauf geschüttet. Schwitzt das Gewehr Blut, so stirbt der Blessirte, im Gegentheil nicht.

**Zu erfahren, ob ein Abwesender, der nichts von sich hören läßt, noch lebt oder ob er todt sey.** Man breche einen Stengel von der fetten Henne ab, und stecke ihn unter das Dach; grünt er fort, so lebt jener, verdorrt er, so ist er todt.

**Lebenslampe.** Ein Docht von Asbest in das von Schleim gereinigte Blut eines Menschen gethan und angezündet, brennt so lange als der Mensch lebt und verlischt mit dessen Leben zugleich.

**Mittel gegen Bezauberung.** Man vergrabe Teufelsdreck mit reiner Asche zwischen zwei Stürzen unter der Schwelle, so muß der Zauberer sterben.

Einen Leichnam im Wasser zu finden. Man werfe ein Brod hinein, dieß treibt auf jenen zu und steht über ihm still.

### D. In Bezug auf Frauenzimmer.

Damit eine Frau ihrem Manne zeitlebens treu bleibe, gebe er ihr bei der Hochzeit unerkannt ein Turteltaubenherz zu essen.

Damit eine Frau keinen Andern zulasse, brenne ihr Mann Haare von verschiedenen Theilen ihres Körpers zu Asche und streue diese auf das mit Honig bestrichene Glied.

Die Treue des Weibes zu prüfen. Man hänge einen Magnetstein über den Kopf der Schlafenden, oder lege einen Diamant neben sie, so wird sie, wenn sie ihrem Mann treu ist, diesen umarmen, im Gegentheil schleunigst das Bett verlassen.

Damit eine Frau ihrem Manne im Schlaf alles beichte, streue er ihr pulverisirtes Taubenherz und dergl. Froschkopf auf die Brust, wische es ihr aber geschwind ab, wenn sie aufwacht.

Zwischen Eheleuten, die sich nicht vertragen, dauernde Liebe zu erwecken. Man grabe im Vollmond die große Knabenwurzel (fette Henne) aus, welche aus zwei Theilen, Männlein und Fräulein, besteht; ersteres gebe man der Frau unbewußt in einer Speise zu essen, die sie liebt; letzteres aber trage der Mann in einem violettseidenen Tüchlein bei sich. — Aehnliches leisten auch die Wurzeln der weißen Lilie und Herz und Nieren der Turteltaube.

Sich bei Frauenzimmern beliebt zu machen, trage man Gilgenwurzel in einem violettseidenen Tüchlein bei sich.

Daß einem Frauenzimmer nichts abschlagen, trage man Eberwurz und Baldrian in rothem Wachs bei sich.

Mittel gegen angezauberte Liebe. Man gehe so lange bis die Füße schwitzen, ziehe dann den rechten Schuh aus, gieße Bier oder Wein hinein und trinke dieses aus, so kann man von Stunde an die Person nicht mehr leiden, die es einem angethan hat.

Jungfernprobe. Man lasse an gepülvertem Mutterkraut riechen; welche keine Jungfern mehr sind, müssen davon das Wasser lassen. Oder man lasse sie auf grüne taube Nesseln pissen, welche davon verdorren, wenn jene nicht mehr Jungfern sind.

**Wie ein Frauenzimmer erfahren kann, wenn es heirathen wird.** Sie reiße ein Kopfhaar aus, binde an das Wur=zelende desselben einen Trauring und halte mit aufgestütztem Arm am andern Haarende den Ring in die Oeffnung eines leeren Glases, so wird er anfangen zu schwingen, und so oft er an das Glas anschlägt, nach so vielen Jahren wird das Frauenzimmer heirathen. Schwingt er, ohne anzuschlagen, so heirathet die Fragende entweder noch dasselbe Jahr oder nie.

### E. Für den Tisch.

**Daß kein Frauenzimmer aus ei=ner vorgesetzten Schüssel esse,** lege man Basilienkraut unter sie.

**Die Gesellschaft ohne Schaden leicht trunken zu machen.** Man thue Paradiesholz oder Alraunwurzel oder Rübsa=men oder etwas Hollunderwasser in den Wein, oder zünde ein Körnchen von den Stephans=körnern in der Stube an.

**Daß die Leute über Tisch einschla=fen,** thue man pulverisirte Hasengalle in den

Wein. Um sie wieder aufzuwecken, flöße man
ihnen Essig in den Mund.

Trunken wieder nüchtern zu wer=
den. Mannspersonen hängen ihre Gemächte
in Wasser, Frauenzimmer legen nasse Tücher
auf die Brüste.

Um beim Trinken nicht trunken
zu werden, trage man einen Kranz von
Epheu um das Haupt oder einen Amethistring
am Finger.

Damit Wein nicht berausche und
den Trinker leicht und kräftig ma=
che, koche man ihn vorher mit einem goldnen
Ring.

Zu erfahren, welche von den am
Tische sitzenden Personen es gut
oder böse mit einem meynt. Man habe
die Zunge eines Geiers unter die linke Fuß=
sohle auf die bloße Haut gebunden, und in
der rechten Hand halte man die Wurzel von
Eisenkraut, so müssen die Bösmeynenden auf=
stehen und hinweggehen.

———

## 2.

### Sympathetische Kunststücke mit Thieren.

Daß ein gestohlenes Pferd nicht weiter fortgebracht werden könne, thue man dessen zurückgebliebenen Sattel und Zeug in einen Backofen und verschließe diesen.

Daß einem ein Rind überallhin nachfolge, hänge man ihm einen Kranz von den weißblühenden tauben Nesseln um den Hals.

Einen Hahn mit Kreide fest zu bannen. Man drücke ihn in sitzender Stellung mit der linken Hand auf einen Tisch fest an, so daß Hals und Kopf aufliegen, und ziehe dann mit der Rechten einen Strich mit Kreide über Kopf, Kamm und Schnabel und ein gutes Ende auf dem Tisch fort, so bleibt der Hahn nach langsam von ihm weggenommener Hand bewegungslos in der ihm gegebenen Lage.

Daß die Tauben im Schlage bleiben und sich fremde dazu finden. Man mache Kügelchen aus Lehm von der Decke eines Backofens mit Urin, Wicken und Hanf und streue sie in den Taubenschlag.

Tauben aus dem Schlage zu jagen, werfe man Eulenfedern, einen Katzen- oder Hasenfuß oder ein Todtenbein oder Glas hinein.

Damit Papageyen schneller sprechen lernen, lasse man ihnen die Worte von Kindern vorsagen; sie mögen auch Frauenzimmer lieber leiden als Mannspersonen.

Mit Glück zu angeln, thue man Kampfer in den Topf mit der Angelspeise.

Giftige Schlangen ohne Schaden anzugreifen, esse man des Morgens nüchtern das einer lebenden Schlange ausgeschnittene Herz.

Anmerkung. Anderweitige sympathetische Kunststücke mit Thieren kamen schon in II, 4. vor.

## 3.
# Sympathetische Kunststücke mit Dingen und Sachen.

---

## A. In Bezug auf die Natur unmittelbar.

Den Augenblick des Vollmonds zu erfahren. Man stelle ein mit Wasser ganz gefülltes Glas an die freie Luft, so läuft es im Augenblick des Vollmonds über.

Schutz vor Blitz. Ehe die neuere Zeit den Blitz durch Metall ableiten lernte, hatte man schon Gegenstände, die vor ihm schützen sollten, z. B. Hauswurz auf dem Dache, Granatschnüre vor den Fenstern, Korallen im Hause, ein Lorbeerkranz auf dem Haupte. — Man halte sich während des Gewitters in der Nordseite des Gebäudes auf, denn man will bemerkt haben, daß der Blitz in diese nie fährt.

Zu erkennen, ob die Luft verpestet sey. Auf einer langen Stange stecke man ein neugebackenes Brod auf. Ist es am andern Morgen mit Schimmel bezogen, so ist die Luft ungesund; ist es inwendig grün oder gelb, so ist sie noch schädlicher; sterben Hunde und Hühner davon, so ist sie giftig.

Die Wünschelruthe. Als solche dient jede biegsame Ruthe, deren beide Enden man zwischen Daum und Zeigefinger der beiden Hände nimmt, so daß die Ruthe gebogen aufwärts steht. Nun richtet man seine Gedanken fest auf den Gegenstand, welchen man sucht, so senkt sich die Ruthe, wenn man an den Ort kommt, wo das Gesuchte ist. Auf diese Art kann man nicht blos Metalle, sondern auch Verborgenes, Verlorenes, Wasser, Spuren von Menschen und Vieh, den rechten Weg ꝛc. suchen und finden. Mancherlei Aberglaube, mit dem die Vorzeit diese Praxis umgeben hatte, brachte dieselbe in Mißkredit, bis es der neuen Wissenschaft gelang, auch diese Erscheinung naturgemäß zu deuten.

Magnetischer Kompaß zu Bezeichnung von Metalladern. Auf dem Rande eines Kompasses werden in gleicher Entfernung gleichschwere Stückchen der verschiedenen Metalle umhergelegt. Stellt man nun das Instrument über ein durch die Wünschelruthe angezeigtes Metalllager, so weiset die Magnetnadel auf dasjenige Metall, welches sich hier in der Erde befindet.

Eisen magnetisch zu machen. Man legt es in der Richtung von Nord nach Süd auf ein anderes Eisen und streicht es nach derselben Richtung wiederholt mit einem dritten.

**Dem Magnet seine Kraft zu nehmen**, lege man Knoblauch zu ihm oder bestreiche ihn damit. Bestreicht man ihn dann mit Bocksblut, so bekommt er seine Eigenschaft wieder.

**Stahl weich zu machen.** Attich, Ackerholunder in einem neuen Topf zu Pulver gebrannt und den glühenden Stahl hineingeworfen, so wird er geschmeidig wie Blei.

**Bernsteinkorallen wieder klar zu machen**, vergrabe man sie auf einige Zeit in die Erde.

**Polirte Korallen schöner zu machen**, müssen sie einige Zeit von einer Mannsperson an sich getragen werden.

**Eine Feuersbrunst zu löschen.** Man stelle einen Waschtrog schräg gegen das Feuer auf. — Man verbrenne ein Roggenbrod, stoße es zu Pulver, thue ein wenig Stubenkehrigt und Staub aus einer Messerscheide dazu, binde es in ein Bündlein und werfe dieses in das Feuer. — Oder man wickle ein Hemd, worin eine Jungfrau menstruirt, oder ein Bettuch, worauf eine Frau niedergekommen ist, zusammen und werfe es in das Feuer.

Einen brennenden Kamin oder Schornstein zu löschen. Man nehme drei glühende Kohlen heraus und halte sie außerhalb hin, bis sie verlöschen, dann verlischt zugleich der Brand.

### B. Mit Speisen und Getränken.

Getränke, welche man im Sommer bei sich führt und die warm geworden sind, wieder kalt zu machen. Man vergrabe das Gefäß einen halben Fuß tief in die Erde und mache ein leichtes Feuer darüber; so wie dieses ausgebrannt hat, ist das Getränke kalt.

Daß beim Buttern keine Butter werde, werfe man etwas Zucker in das Butterfaß.

Daß eine Köchin Eier nicht hart kochen könne, stehe man dabei und halte seine Hand an die Testikeln.

Daß Fleisch nicht gar werden könne, thue man etwas Blei in den Topf.

Daß einzelne Stücken Fleisch im Topfe in Eines zusammengehen, werfe man ein Stück Schwarzwurz in den Topf.

## C. Gesellschaftliches.
### Zum Nutzen und zur Unterhaltung.

Das Siebdrehen. Eine ausgespreizte Scheere wird in den Rand eines Siebes eingesteckt und dieser an den Fingerlöchern der Scheere mit je einem Finger jeder Hand herabhängend gehalten. Nun thut oder denkt man Fragen in einer zweifelhaften Sache und als Bejahung dreht sich der Sieb. War schon bei den Alten gebräuchlich.

Gestohlenes wieder zu bekommen. Man nehme in des Diebes Namen ein frisch gelegtes Hühnrei, umbinde es mit einem Faden von grüner Seide und lege es in jenes Namen in heiße Asche, so hat der Dieb keine Ruhe und bringt das Gestohlene wieder.

In einem Spiegel zu sehen, was sich in der Entfernung bis auf eine Stunde zuträgt. Ein gewöhnliches Spiegelglas wird an drei Seiten mit einer anderthalb Zoll hohen Einfassung umgeben, die vierte bleibt offen und wird gegen den Ort gerichtet, den man sehen will.

Ein versprochenes Gewehr wieder gut zu machen. Man lade zwischen Pulver und Blei Moos von einem Todtenkopf und schieße das Gewehr ab.

Sympathie.                    8

Kugeln zu gießen, die alles durchdringen, thue man in jede Kugel ein Weizenkorn.

Damit Schießpulver nicht knalle, mische man bei Bereitung desselben pulverisirte Hundeknochen darunter.

Mit dem Bolzen an das Ziel zu treffen, bestreiche man ihn mit der kleinen Klettenwurzel und streue gepülverten Magnetstein auf.

Beim Schießen zu treffen. Wenn man Kugeln gießt, thue man unter das Blei Herz und Leber einer Fledermaus.

Glück im Spiel zu haben. Man trage ein Eulenherz oder einen Wiedehopfkopf bei sich.

Einen sogenannten Räuber am Licht ausgehen zu machen, ohne ihn anzurühren. Man stelle die Lichtscheere an der dem Räuber entgegengesetzten Seite des Leuchters mit der Spitze nach oben an dem Leuchter auf.

Glas nach Belieben biegen zu können, lege man es in Wasser aus Menschenblut destillirt.

Einen Kürbiskern in vier Stunden blühend zu machen. Der Kern wird in das Blut von einem jungen gesunden

Menschen gelegt und dieses wohl zugedeckt an einen feuchten Ort gesetzt. Nach einiger Zeit nimmt man den Kern heraus, begießt ihn mit warmem Wasser und steckt ihn in die Erde. Nach vier Stunden ist die Staude mit Blättern und Blüthen da.

Eine alte goldene Kette wieder glänzend neu zu machen, siede man sie in dem Urin eines Knaben, in dem Salmiak aufgelöst worden.

Einen glatten goldenen Ring plötzlich in die Runde gehen zu machen. Man hält ihn an einem Faden über ein auf dem Tisch liegendes Taschentuch, so hängt er ganz ruhig. Schiebt man nun heimlich ein Goldstück unter das Tuch, so geht der Ring in die Runde, und thut dieß auch, wenn man ihn von einem Andern halten läßt.

Ohne Uhr zu jeder Zeit zu erfahren, welche Stunde es sey. Man hält einen glatten goldenen Ring an einem Faden in die Oeffnung eines Glases, wobei man der Hand durch Aufstützen des Ellenbogens auf den Tisch Festigkeit gibt. Nach einiger Zeit fängt der Ring an zu schwingen und schlägt so oft an das Glas, als es an der Zeit ist, worauf er nach und nach wieder zur Ruhe kommt.

Anmerkung. Die neuere Wissenschaft nennt dieß den siderischen Pendel, und zwar leistet nach unsern eigenen Beobachtungen jedes Metall in jeder Form dasselbe. Auch ein Türkis soll es thun, doch muß Wasser im Glase seyn.

Ein goldener Ring als Nachtwecker. Man hänge einen glatten goldenen Ring über einem Glase auf und setze dieß auf einem Tischchen nahe neben das Kopfende des Bettes, so wird der Ring zu der Stunde, wo man aufwachen will, an das Glas schlagen.

Daß einem das Geld nie ausgehe. Man nehme aus einem Schwalbennest ein Ei, koche es hart und lege es wieder in das Nest, so findet man nach drei Tagen ein Würzelchen darin, welches die Schwalbe gesucht und gebracht hat, um das Ei wieder gut zu machen. Dieses nehme man heraus und thue es in den Beutel, so bekommt man stets wieder so viel Geld als man ausgibt. Eine herrliche Sache!

→→→→⊙←←←←